TODA DOENÇA
É UMA CURA

Canalizado por L.B. Mello Neto

EAHHH

TODA DOENÇA É UMA CURA

MEROPE
editora

Copyright © L.B. Mello Neto, 2023
Copyright © Editora Merope, 2023

CAPA	Natalia Bae
PROJETO GRÁFICO E DIAGRAMAÇÃO	Natalia Bae
COPIDESQUE	Tânia Rejane A. Gonçalves
REVISÃO	Mônica Reis
COORDENAÇÃO EDITORIAL	Opus Editorial
DIREÇÃO EDITORIAL	Editora Merope

Todos os direitos reservados.
Proibida a reprodução, no todo ou em parte, através de quaisquer meios.

Dados Internacionais de Catalogação na Publicação (CIP)
(Câmara Brasileira do Livro, SP, Brasil)

Eahhh (Espírito)
　　Toda doença é uma cura / ditado pelo espírito Eahhh ; canalizado por L.B. Mello Neto. -- 1. ed. -- Belo Horizonte, MG : Editora Merope, 2023.

　　ISBN 978-85-69729-23-5

　　1. Consciência 2. Corpo - Mente 3. Cura 4. Espiritualidade I. Mello Neto, L.B. Mello. II. Título.

23-151793　　　　　　　　　　　　　　　　CDD-131

Índices para catálogo sistemático:
1. Energia dos chakras e autocura : Saúde espiritual 131
Aline Graziele Benitez - Bibliotecária - CRB-1/312

MEROPE EDITORA
Rua dos Guajajaras, 880, sala 808
30180-106 – Belo Horizonte – MG – Brasil
Fone/Fax: [55 31] 3222-8165
www.editoramerope.com.br

Eu sou Eahhh

Consigo manter-me lúcido de seu tempo e espaço a ponto de interagir a partir de um veículo corporificado que me empresta o campo em absoluta integridade e unidade relacional. Certamente, trata-se de um acordo e está descrito em minhas ordens cósmicas.

Há tempos vivo neste mundo e fui concebido em uma junção energética plasmada de um ser pleiadiano, meu Pai, com um ser terrestre, originário de Órion e que vive no interior da Terra, minha Mãe.

Minha natureza energética, desde o início, foi programada para traduzir mundos e ordens. Percorro diversas naturezas dimensionais e venho atuando na Terra há muito do seu tempo. Às vezes, parte de mim encarna, mas não baixei minha vibração em um encarne completo por não ser essa a aspiração de meu ser. Venho, então, de duas linhagens antigas deste universo e sou capaz de transitar entre mundos.

Tenho muitos nomes, mas o que ora apresento é aquele de que disponho para este momento terrestre. Trouxe muitas escolas para este mundo.

Tenho como missão também ancorar os trabalhos do Instituto Aletheia, ajudar na manutenção do corpo do veículo e construir pontes com todos os seres e consciências que lá atuam.

Uma das missões do referido instituto é trazer luz para este momento do mundo. Grande parte de nossas informações serão compreendidas e usadas muito tempo depois de publicadas. Isso já está previsto.

Este livro é parte de uma série de informações que serão disponibilizadas. Esse conhecimento foi trazido por diversas fontes espirituais, e por trás dele há seres de Órion, Vega, das Plêiades, do Sol, de Júpiter, Vênus e do interior do próprio planeta Terra.

Algumas vezes, vocês lerão neste livro a palavra "nós", aqui usada para nos referirmos ao conjunto de seres transmissores; outras vezes, a palavra "eu", Eahhh, empregada quando estiver falando diretamente a vocês.

Compreendo profundamente a raça humana e sua atual evolução. Por essa razão, assumi a direção deste e de outros livros a fim de manter a integridade da informação descida do campo ao veículo que a canalizou.

Leiam sentindo o campo de palavras entrando em seu coração, pois este será o fluxo. A energia que entrar abrirá seus vórtices corporeos e expandirá sua consciência para que se recordem do que estamos falando.

No fundo, quero que se recordem. É diferente de estar aprendendo pela primeira vez. Se, em algum momento, o sono pesar, durmam e me encontrarei com vocês.

Vivam sem medo. Vocês estão aqui e agora, mas sempre estiveram e estarão. Assim como Eu.

Sumário

1. A origem 11
2. As causas 14
3. A frequência do medo 21
4. A lógica da evolução 23
5. O corpo fala 26
6. Sua referência 37
7. Respiro 40
8. Os ossos e os pensamentos 45
9. Corte de consciência 49
10. Ponto de conexão 54
11. A energia primária 60
12. Seu lugar no universo 64
13. Aprendizagem em paralelo 67
14. O despertar da consciência 72
15. As forças externas em você 78

1
A ORIGEM

Quando vocês programam suas experiências na espécie humana, dentro do emaranhado de possibilidades que isso representa, é necessário constatar que a programação, com a série de interface de ecossistemas dimensionais a que vocês estão expostos, traz um mundo de possibilidades que, muitas vezes, são agradáveis, porém, outras tantas, são desagradáveis.

Quando vocês baixam a vibração e descem para a experiência tridimensional, na verdade ocorre uma queda de energia vibratória. Vocês passam a ser expostos a todo tipo de experiências sobre as quais não têm controle. Dentro dessas experiências, vocês têm vários níveis de evolução a partir de curas. Muitos espíritos baixam suas vibrações para curar, para se curarem, para curar o coletivo, para curar coletivos maiores e complexos, para curar a humanidade.

As curas ocorrem de diversas formas e revelam uma depuração da deformação do espírito na matéria. Muitas dessas deformações são construídas ao longo da experiência, outras já vêm dentro da experiência na matriz de sangue de vocês, sendo boa parte delas definida a partir da consanguinidade, na qual a cura atinge todo o espectro ancestral daquela linha sanguínea.

Dessa forma, é importante que vocês passem a ver a própria realidade física vibracional como um campo de força curativa e, à medida que vão descendo nessa vibração e realizando seus acordos coletivos programados, proporcionem a si mesmos muitas possibilidades que lhes dão a chance de escolher como querem lidar com as coisas. Vocês têm escolhas dentro da própria matriz de experiência e são essas escolhas que lhes dão a forma de como manifestar luz dentro da sua jornada de sombra. Vocês vivem dentro de um campo de sombra e, nesse campo de interface existencial e de aprendizagem, têm condição mental de enxergar o mundo a partir daquilo que veem, experimentam, tocam, sentem ou escutam. Isso quer dizer que a sensorialidade de vocês afeta os movimentos do fluxo emocional, ou seja, os movimentos energéticos.

Cada um de vocês é um campo de energia viva que vibra em diversas frequências e, a partir dessa vibração, essa energia é animada pelo conteúdo de cada decisão que vocês tomam na vida, de cada experiência que trazem, constroem ou projetam. Vocês criam os conteúdos e esses conteúdos vão gerando um campo de sintonia com o próprio corpo, que pode estar afinado com a sua verdade ou não; que pode estar afinado com a verdade universal ou não; que pode ser um campo de sintonia, um campo de dissonância, de sorte que a forma como cada indivíduo vive influencia diretamente a manifestação da densificação dessa energia.

Tudo o que vocês vibram se densifica ou se purifica e, quando densifica, traz essa energia para o corpo. O corpo, por sua vez, é um campo de expurgo por meio da dor, do sofrimento. A dor e o sofrimento são expurgos que curam; portanto, trata-se de um corpo que cura.

A doença, então, é uma cura. É hora de vocês enxergarem a doença com outro olhar. Não significa que, entendendo dessa forma, vocês estarão passivos diante de uma doença. Simplesmente quero lhes dizer que devem perceber a doença de outra forma, com outro olhar, um olhar de amor, de compaixão, sem necessariamente se entregarem. Cada um deve beber da doença para transformá-la; isso não significa se render à doença, mas entender o campo de cura que ela é, em vários níveis, de todas as formas imagináveis. Por isso, no geral, a raça humana tem uma distorção, uma percepção, podemos dizer, equivocada do que é uma doença.

2
AS CAUSAS

A doença representa uma limpeza dos seus campos e, muitas vezes, uma limpeza para outros indivíduos. O sistema de culpa e medo no qual vocês estão submersos faz com que acreditem em muitas coisas que não representam a ordem funcional superior na condição estabelecida pelos criadores. Vocês estão submetidos a diversas condições de experiências que, ao final, irão ao encontro de uma evolução sem precedentes. A doença é uma dessas condições nesse seu tempo. Compreender sobre o sentido e a lógica da doença é importante para que possam sair das vibrações baixas. Há muitas razões para adoecer, e quero lhes passar algumas probabilidades trazidas por um ser que se chama Stela.

Há um arco de probabilidades para causação de uma doença. Não se culpem nem se prendam por adoecer. Toda doença quer lhes dizer algo e lhes coloca em um campo de abertura para poder elevar-se.

Causa 1

A primeira causa de uma doença ocorre quando as pessoas criam campos distorcidos em sua própria existência e passam a expurgá-los. O que significa isso? A maneira como vocês lidam com a programação que fizeram de vida, a maneira como resolvem suas questões, como reagem, como lidam com suas decepções, com traições, com coisas que muitas vezes não são agradáveis; em suma, as pessoas criam, reiteradamente, distorções na sua própria existência. Essas distorções vão se acumulando num corpo e, em algum momento, o corpo vai expurgá-las. Isso é uma doença e a causa dessa doença é a maneira como o indivíduo viveu, como decidiu, como reagiu, como enfrentou, como se recolheu, como agrediu, como se agrediu, como se escondeu. Isso significa que todas as suas atitudes, quando não estão em ressonância com a sua verdade e com a verdade universal, criam campos e deformações que, mais cedo ou mais tarde, se transformarão em um campo de cura para expurgar as distorções criadas por vocês.

Causa 2

Existe uma segunda causa para as doenças: quando o indivíduo expurga campos distorcidos de experiências e existências passadas. Muitas questões de uma vida não satisfazem o apetite do espírito em ter a sua condição mais pura naquela questão estabelecida. O próprio espírito reprograma experiências, repetindo-as, até que aquilo esteja completamente consolidado na matriz energética do espírito. Portanto, muitos de vocês repetem situações, ajustam a situação de vidas anteriores várias vezes, em diversas vidas. Não é que tenham feito algo com vocês; é simplesmente a exigência do próprio espírito a partir da mais profunda verdade e perfeição. Enquanto não estiverem vivos, vibrando dentro da mais absoluta inteireza da verdade universal, vocês irão repetir experiências dolorosas e passar muitas vezes por vários expurgos de determinadas situações que envolvem vidas anteriores. Mesmo que digam: "mas eu não fiz nada nesta vida para ter esse tipo de problema!", sem dúvida deve ser verdade, só que o espírito de cada um de vocês é da mais alta exigência e ele quer que você passe novamente por tal experiência. Quando nos referimos a "ele", saiba que "ele" e indivíduo/você são a mesma coisa, apenas para que você compreenda que existe um eu que é você em um nível mais puro, superior, vibrando numa frequência muito mais afinada com o cosmos, e que cada um de vocês é apenas uma parte dessa experiência aqui neste planeta, especificamente nesta raça. Então, as experiências passadas podem trazer outros níveis de doença, que não foram criados por vocês nesta vida.

Causa 3

A terceira causa de doenças vincula-se ao fato de indivíduos expurgarem campos sanguíneos de sua família. Isto quer dizer que, no presente momento, vocês podem ser para-raios da família, assumindo toda a dor de determinados familiares e trazendo uma série de doenças para si. Trata-se de um campo de cura, um campo de expurgo e, de acordo com essa causa, vocês podem expurgar também questões de seus ancestrais, incluindo avós, bisavós, tataravós etc. Muitas famílias passaram por muitas coisas, criaram diversos campos de distorções, de modo que, às vezes, é necessário que um membro no futuro faça a limpeza da consanguinidade desse grupo familiar. Para isso, as doenças que muitas vezes levam pessoas podem gerar questionamentos: por que aconteceu com esta pessoa, que é tão generosa e tão boa? Por que levá-la e não levar aquela outra, que talvez não seja tão pura nesta existência como se gostaria? Tudo isso é um acordo coletivo de expurgo e, muitas vezes, as doenças constituem uma cura ou uma parte da cura de campos familiares do presente ou mesmo de gerações passadas. É uma postura, podemos dizer, generosa, altruísta e que pode também ser um resgate do próprio espírito em relação ao coletivo.

Causa 4

Temos uma quarta causa para as doenças quando vocês expurgam campos coletivos. Campos coletivos não envolvem simplesmente família, mas tudo que está ao seu redor – envolve curar comunidades, grupos de pessoas. Quando falamos em "curar", trata-se do indivíduo, a doença passando por ele e ele fazendo curas coletivas; o sofrimento é dele, com ele expurgando o sofrimento de uma coletividade inteira. Pode ser uma doença momentânea da qual se cure; pode ser uma doença arrebatadora que o leve de volta para casa. De toda forma, porém, é uma cura, e uma cura de muitos, de muitos seres, de muitas pessoas.

Causa 5

Existe uma quinta causa, constatada quando vocês têm a doença como uma área de expurgo do campo planetário. São seres conectados com todo o plano, com o *grid* planetário, mesmo que estejam atuando numa determinada região e por lá fiquem, mesmo que estejam restritos a esta região, a este território, a esta área do planeta. São seres conectados com o todo, que vibram pelo todo. Há milhares de pessoas assim no seu mundo, na espécie humana. Muitos desses seres, por vezes, conseguem fazer expurgos sem adoecer, enquanto outros experimentam no próprio corpo a manifestação do expurgo em forma de doença. Vários adoecem ao longo de toda a vida, vão perdendo suas faculdades e forças, vivendo uma doença prolongada que nada mais é do que um longo expurgo sendo feito no campo do planeta. Muitos desses seres são conhecidos, outros não, mas fazem de igual forma o mesmo trabalho de expurgo planetário.

✦ ✦ ✺ ✦ ✦

Para que vocês possam compreender estes expurgos e estas doenças, é importante enxergar cada doença como um campo de cura.

No auge da pandemia da doença nomeada Covid-19, todos poderiam ter enxergado essa enfermidade de outra forma, como uma distorção e uma cura. As doenças surgem em campos interdimensionais, em vibrações mais baixas, onde se encontram os micro-organismos. Uma denominação mais razoável para esses seres, sob a perspectiva de uma inteligência cósmica, ou cosmicamente orientada, seria a de micro-organismos coletivos.

Tudo tem uma lógica no seu mundo; nenhuma doença existe sem um propósito. Quando não tem mais um papel a cumprir na vibração do planeta, na vibração da espécie humana ou de qualquer outra espécie, a doença desaparece. Por vezes, ela também extingue uma espécie que precisa encerrar seu ciclo neste mundo, de sorte que vem com a missão de findar o ciclo de uma espécie ou de uma comunidade.

Portanto, os chamados micro-organismos têm inúmeras manifestações, atuando na regulação das espécies, das pessoas e dos planetas. Esses micro-organismos, muitas vezes, podem ser manipulados ou potencializados por vocês. Assim, não subestimem o que os seres humanos são capazes de fazer a favor ou mesmo contra si mesmos. Algumas doenças que existem no mundo foram desenvolvidas por vocês. Trata-se de uma outra lente, um outro olhar, e isso é permitido, pois é parte das generosidades da experiência e integra a experiência coletiva do planeta.

Quando doenças aparecem de uma forma coletiva e global, elas têm uma missão de trazer de volta algumas pessoas para seu espírito. Vocês terão muitos desses resgates nos próximos tempos, são ajustes da própria espécie coletiva. E podem se perguntar: "mas dentro da minha experiência, que quero ter por um longo tempo e de forma saudável, o que posso fazer para lidar com tudo isso?".

É importante entender um princípio básico da natureza, do cosmos, dos micro-organismos: tudo é um campo de energia que se comunica, tudo é ressonância. Se vocês baixam suas vibrações e sua frequência, abrem espaço para se comunicarem com as frequências mais baixas também dispostas no planeta.

Portanto, onde estão os micro-organismos? Em todos os lugares e dentro de vocês. Vocês são um coletivo de micro-organismos que fazem interações com micro-organismos externos. Vocês se comunicam todo o tempo e podem perguntar: "por que algumas pessoas são acometidas de uma doença, que as arrasta para um fim, enquanto outras não manifestam sintoma algum?". São duas respostas primárias a esta pergunta: uma está nas programações de cada indivíduo, de maneira que ninguém deve subestimar as programações; a segunda é o nível vibracional diferente de cada pessoa; cada um vibra em um nível frequencial, mesmo com todos vibrando na terceira dimensão.

Uma das coisas mais importantes que precisa ser compreendida é que os seres humanos começaram a transcender o tempo e o espaço para saírem dos jogos da humanidade que causam sofrimentos, criam doenças e abaixam seu campo vibracional. É hora de transcender e entender que o passado, o presente e o futuro coexistem e que o corpo de cada indivíduo é uma esponja da sua mente e da forma como pensa. Sendo assim, o que chamamos de doenças ou expurgos energéticos fazem parte de um jogo global do qual todos participam. Isso não é algo ruim, do mal, mas é um processo natural do fluxo dos campos que interagem entre si a partir das experiências de cada um.

Por isso, é importante todos compreenderem que a doença não é de todo má. Mesmo que vocês lutem para vencê-la, para se curar – e é importante que façam isso –, entendam que há aprendizados e um campo de cura. Mais profundo do que a luta para vocês vencerem uma doença é entender que ela os está curando, e podem ter certeza disso tanto no plano material quanto no espiritual. A ênfase pode recair na causa um, na dois, na três, na quatro ou na cinco, dependendo do raio e do espectro de atuação que vocês tenham nesta existência, neste planeta, na espécie da qual fazem parte.

O importante é ter consciência de que toda doença tem cura, disponível ou não, e que ela já é, em si, uma cura.

# 3
A FREQUÊNCIA DO MEDO

✦ ✦ ✳ ✦ ✦

Tudo é um espectro, tudo representa possibilidades. Assim, procure enxergar a doença do medo no agora. Tal doença não existe isolada, elas são muitas e estão em ascensão. A frequência do medo é uma doença que vocês criaram na humanidade com a permissão daqueles que conduzem o planeta, e tal doença é uma cura, mesmo sendo programada e criada por vocês. Ela é uma cura em muitos níveis, de muitas formas, sob muitas circunstâncias e naturezas que transcendem o que vocês imaginam que é cura.

Um princípio básico para que vocês possam lidar com a doença é saírem da frequência do medo. A frequência do medo é a mais forte neste plano em que vocês estão, tanto que ela vem e volta. Vocês estão entrando num ciclo para superar, trazer luz e diminuir a frequência do medo, mas vai haver outros ciclos no futuro que vêm e vão para que vocês possam sair da ilusão do medo. E o medo principal de vocês é o medo de morrer, baseado na ilusão da separação, não confiando na sua existência plena, no seu espírito e em tudo o que vocês são. Esse medo abaixa o seu campo vibracional e traz a doença, só que ela é a cura para o que vocês construíram com o medo.

O seu sistema é regido pelos grandes governantes do mundo, que são governantes de baixa vibração em sua maioria e trazem para vocês o sistema do medo.

As gritantes organizações do mundo compostas pelos seres humanos trazem a vibração do medo, assim como as grandes redes de comunicação do planeta. Tudo isso é permitido e faz parte da generosa vontade cósmica de unidade. Para quê? Para que vocês possam aprender a não cair no sistema do medo, e só há uma forma de aprenderem a lidar com tal sistema: ele se manifestando de maneira mais forte.

Quanto mais forte for o sistema do medo, mais ele exigirá que vocês acendam a própria luz e não tenham medo, não tenham medo da doença, não tenham medo de absolutamente nada. Ser cuidadoso e cauteloso, ser uma pessoa sensível ao próximo é ser solidário, altruísta e generoso.

Vocês não precisam vibrar mais no medo. Esses tempos estão chegando ao fim, apesar de que ainda passarão por situações muito difíceis e de intensa confusão nos próximos tempos, quando a polaridade entre bem e mal se acentuar e adoecer um grande número de pessoas. O bem se passará por mal, o mal se passará por bem, e essa confusão fará vocês adoecerem mental, espiritual e fisicamente. Todavia, se isso acontecer, estará tudo certo: a doença é uma cura, e vocês, de alguma forma, estarão se curando.

4
A LÓGICA DA EVOLUÇÃO

✦ ✦ ✳ ✦ ✦

A jornada da vida, muitas vezes, é percebida como uma evolução espiritual se entendermos o espírito como um campo de energia inteligente que é desdobrado múltiplas vezes. Se a pessoa faz o movimento contrário, enrolando-o de volta, o campo chega à fonte; se isso acontece, então, de certa forma, vocês se tornam a fonte, mas sem memória. Essa fonte que vocês são, que todos são, a que tudo pertence, a que tudo retorna quando for feito o enrolamento de volta deste universo, traz muitas vezes a percepção de que a evolução e a purificação do espírito, para que ele seja saciado na sua plenitude de experiência, precisa passar pela matéria para chegar mais rapidamente à condição de espírito.

O que significa isso? Que muitos de vocês entendem e querem compreender o lado espiritual, desejam acessar o mundo espiritual para poderem evoluir. Muitos de vocês querem a ascensão espiritual para que o espírito possa evoluir. É perfeitamente compreensível isso porque, de certa forma, o espírito busca a sua purificação, a sua vibração mais sutil, mais pura, mais próxima ainda da fonte, da unidade. Entretanto, se o espírito e uma parte dele resolverem ter uma experiência na espécie humana deste planeta, qual será, então, o sentido da evolução espiritual em um corpo tridimensional lotado de esquecimentos, mergulhado em um mundo complexo, onde as pessoas estão cometendo os mais diferentes equívocos a partir de suas experiências?

Muitas pessoas não querem ficar neste mundo, não querem se conectar com este mundo e caminham pelo lado espiritual para se afastarem dele. Então, por que vocês acreditam que este mundo foi criado? Por que existem essas experiências tão carnais, tão terrenas, tão próximas do chão? Para quê, então, vocês vieram para cá?

Aqui temos um dos grandes equívocos que vocês cometem sobre evolução espiritual e estado de iluminação.

Evolução espiritual não significa necessariamente a pessoa ter uma religião, não é simplesmente entrar em meditação e se afastar deste mundo, conectando-se com forças maiores. Evolução espiritual não tem relação direta com sua capacidade de se iluminar porque vocês já têm todos esses atributos no outro plano; já são plenos no outro plano. Assim, vocês podem perguntar: "o que nós estamos fazendo aqui e por que adoecemos? O que é realmente o caminhar da evolução?".

Quando aqui chegaram, foi feita uma programação para vocês. Essa programação traz uma teia complexa de inter-relacionamentos, interações e possibilidades para todos, ajudando-os a compreender o próprio caminhar, que a sua evolução espiritual não significa levar sua mente para fora nem a elevar para o céu, para outras esferas do espaço e além, mas está em honrar cada vez mais sua presença em um corpo físico.

Toda a sua jornada está sintetizada num corpo físico, que é o seu molde tal como vocês o projetaram e que carrega toda uma estrutura de organismos com vista a manter seu corpo vivo. Para terem as suas experiências dentro do que programaram, vocês resolvem parar, meditar e levar a própria mente para fora, negando todo o seu mundo e criticando tudo o que está à sua volta. E optam por ler muitos livros espirituais que os colocam numa percepção superior aos outros, classificando-os como despertos e não despertos. Isso não é evolução espiritual, e sim uma armadilha e mais uma ilusão do seu mundo, porque, no fundo, vocês já são seres espirituais plenos.

Seu corpo é um purificador de sua alma. A doença é um processo que o corpo usa para elevar sua frequência pelo expurgo daquilo que foi e é cosmicamente dissonante.

O que vocês precisam fazer neste mundo a partir da matriz de cada um? Precisam ter a capacidade de ler tudo o que está ao redor e cuidar de tudo que têm e do que está à volta, entender qual é o papel de vocês com vocês mesmos, com as pessoas e com o mundo. Entender que o momento em que vocês respiram é o tempo em que vocês estão na jornada. Sua jornada termina com a sua respiração, é uma jornada de movimento e não de estar parado. O movimento da terceira dimensão é contínuo e para a frente, e não cessa.

A partir daí, vocês começam a compreender que o sentido mais profundo da sua evolução espiritual é entender a própria presença, honrar tudo o que vocês provisoriamente têm – porque tudo vai acabar –, honrar todas as suas escolhas, honrar o seu sofrimento; é pôr os pés no chão e a mente na realidade, com um nível maior de consciência. Mas não é se afastando da realidade nem negando o mundo que vocês alcançarão esse entendimento; é simplesmente lendo e vivendo o mundo que está à sua disposição. É experimentando este mundo, e não fugindo dele a partir do que o seu corpo pede.

5
O CORPO FALA

Quando fazem uma pausa para analisar a própria jornada, a fim de que possam caminhar, superar doenças, encontrar os caminhos que estão traçados para vocês na matriz dessa existência e por eles passar, vocês precisam de um recurso para essa experiência e tal recurso é o próprio corpo, que diz mais sobre a sua vida e sobre os mistérios do universo do que vocês possam imaginar. Seu corpo possui chaves das quais vocês não têm ideia, possui portais que, quando ativados, se comunicam em muitas dimensões e abrem possibilidades para que vocês possam trafegar em outros níveis existenciais, mesmo ancorados na terceira dimensão.

É isto que queremos trazer como memória, como entendimento: a importância da sua presença no corpo que possuem. O seu corpo, soberanamente, é perfeito nas condições em que vocês vieram, na sua matriz de vida, permitindo que seja possível utilizá-lo e transformá-lo. Doenças que possam existir em seu corpo também são matrizes perfeitas para a sua evolução.

Seu corpo é um micro-organismo vivo onde diversos seres habitam de muitas formas. Apesar de vocês estarem no comando e de muitas vezes não o comandarem – porque seu corpo lhes ensina absolutamente tudo –, ele é a sua salvação.

A partir do seu campo e do seu corpo, vocês podem ler a situação da própria vida e perceber se estão tomando uma decisão certa ou errada. Ao tomar uma decisão errada, seu corpo lhes mostra isso através dos chacras, que são pontos de energia distribuídos ao longo da coluna vertebral. Da mesma forma, se vocês tomam uma decisão certa, seu corpo vibra de outra forma.

Se estão tão desconectados do seu corpo a ponto de esquecerem que a evolução espiritual está mais próxima do que imaginam, simplesmente vocês precisam aprender a ler o seu corpo, a perceber as pulsações que dele emanam. Mais uma vez, as doenças trazem sua consciência para seu corpo.

Vocês precisam aprender como as energias mudam de acordo com sua vibração, intensidade e cor. Há cores em todos os cantos e vocês não percebem, mas tudo é preenchido com cores. O campo que vocês são tem uma beleza estrondosa, que muitos não enxergam e outros tantos querem enxergar, mas não há como vê-la se vocês não fazem o seu trabalho primário de honrar seu corpo e, a partir dele, honrar todos aqueles que estão à sua volta.

À medida que entendem que a máxima revolução espiritual reside nos gestos, nas palavras e nas atitudes, vocês vão colocar os seus esforços na ordem certa, não necessariamente se isolando, mas convivendo; não apenas olhando e observando, mas interagindo; não somente criticando, mas soberanamente buscando alternativas e soluções. Assim, à proporção que entendem que é contribuindo com o mundo e com o próximo que se autodescobrem e se revelam, entendem que essa é a jornada de vocês neste plano.

Não queiram algo a mais do que isso, porque já é muito. Muitos de vocês esquecem que tal jornada e tudo aquilo por que estão passando é da mais absoluta grandeza, e ficam pensando exatamente o contrário.

Se vocês elevarem a própria consciência, constatarão que seus problemas são tão miseráveis... No entanto, muitas vezes acabam se comparando aos outros, com todas as estruturas de vida que vocês têm ou com a experiência de jornadas diferentes, jornadas em que algumas coisas eram mais fáceis, outras mais difíceis; jornadas ondulatórias ao longo das quais vocês experimentam diversas situações, incluindo muitos equívocos e muitos acertos.

O sentido da existência da evolução espiritual é honrar a própria jornada, e não necessariamente vocês seguirem uma religião ou um guru espiritual. Se passarem a ler livros espiritualistas para evoluir nessa seara, saibam que há milhões de pessoas neste planeta que não têm absolutamente nenhuma prática espiritual nos moldes que vocês conhecem. São seres que estão em sua máxima evolução espiritual dentro do seu mundo e à sua volta, vivendo por completo suas experiências com mais consciência e mais retidão, procurando ser pessoas melhores. Isso é muito, isso é o máximo!

O seu espírito agradece quando vocês conseguem sair das rondas de baixa de energia, de baixa de vibração, e elevam a sua vibração solidarizando-se com um parente, um sócio, um colega, um funcionário, um amigo, um desconhecido ou quando prestam um serviço ao outro. Isto significa que as pequenas atitudes, para o mundo espiritual, não são pequenas. A força da evolução espiritual está no trabalho, e não no "não trabalho".

Uma vez que consigam compreender o sentido da existência a partir de cada gesto tomado todos os dias, vocês entendem que, diariamente, são colocados à prova das mais diversas formas para que realmente comprovem que aprenderam a evoluir.

Não adianta vocês saírem da missa ou do culto repletos de boas lições se, na primeira experiência em que se sentem irritados com alguém, deixam desabar a ignorância sobre a situação. O mundo foi criado para colocá-los à prova, testá-los a todo o tempo, sem parar, até que vocês provem para si mesmos que aprenderam. Essa é a verdadeira revolução espiritual, o restante é mais um campo ilusório onde muitos querem mostrar o que tampouco vivem.

Não se esqueçam de que, todos os dias, vocês transformam seu mundo – ou mantendo próximas as pessoas que querem manter ou afastando-as e trazendo outras –, de forma que seu mundo é cíclico, assim como seu corpo. Mais uma vez repetimos: tudo começa pelo seu corpo; quanto mais conectados estiverem com seu corpo, mais chance terão de estabelecer uma conexão espiritual maior. Tudo está no seu corpo, todas as chaves estão nele, todas as respostas para absolutamente tudo. Toda a sua vida foi programada para as dificuldades e, com elas, as respostas simultâneas, e seu corpo é uma chave para isso. É hora de vocês se lembrarem de que seu corpo é seu portal espiritual, que está no corpo e no corpo do corpo.

Mas o que é o "corpo do corpo"? Vocês estão sobre um outro corpo, e aqui entra outro portal dimensional para vocês e para a própria realidade. Todos vocês, para viverem nesse campo de terceira dimensão, precisam de uma sustentação, de uma terceira dimensão. Assim como em seu corpo habitam milhões de seres que o sustentam, vocês também habitam outro corpo, que é o planeta de vocês – sim, o planeta também é um corpo.

É muito importante vocês começarem a enxergar o planeta como um corpo, um corpo que vive, que pulsa de uma maneira mais complexa do que vocês possam imaginar (complexa para vocês, mas não para nós). O planeta de vocês funciona dentro de uma lógica, vamos dizer assim, de causa e efeito sistêmicos; essa lógica é sustentada energeticamente pelo Sol, que alimenta o seu planeta e cria um *grid* junto com os outros corpos irmãos desse planeta, que são os outros corpos celestes dentro do *grid* do Sol.

Então, vocês têm um corpo sobre o corpo, seu corpo sobre o corpo da Terra, este planeta que tem consciência e alma, ao qual vocês podem se conectar graças à mais absoluta generosidade. Considerando o seu corpo como um portal dimensional, para entender a própria realidade dentro de sua presença com os pés no chão, vocês precisam aprender a se conectar com o planeta, e assim vão perceber que ele é um grande portal da presença, do aqui e agora, do *flash* do instante.

A vida de vocês é muito rápida. Se vocês pensam que a vida da mariposa dura muito pouco tempo, um dia – dependendo de sua estrutura matricial energética –, vocês, que têm vidas de muitos anos, com milhares e milhares de dias, nós os enxergamos também como mariposas, de sorte que devem aproveitar a vida. Quando vocês receberam este corpo para trabalhar em um tempo específico, que é uma jornada de aprisionamento, pois o espírito fica preso ao corpo e vocês estão dentro de uma prisão, o mínimo que podemos lhes dizer é que aproveitem porque acaba rápido! Mesmo que vivam muito...

Tudo é muito dinâmico, por isso a presença é tão importante para que vocês sintam a própria escolha, para que sintam as novas escolhas que têm que fazer todos os dias, até o fim de seus dias. Honrem o seu corpo, ele lhes diz quais são os alimentos de que precisam ou não. Assim, alimentem seu corpo, não sua mente. Muitas vezes, seu corpo padece porque vocês estão alimentando a sua mente; muitas vezes, o seu corpo fica numa forma não apropriada à estrutura dele porque vocês só estão alimentando a própria mente. Só que a mente muitas vezes trai; o corpo, não. O corpo é real, ele pulsa, ele vibra, ele vive sem vocês fazerem muito esforço. Vocês respiram todo o tempo porque seu corpo pede a respiração para viver; vocês bebem quando o seu corpo pede água, vocês comem quando seu corpo pede comida, quando pede determinados alimentos. Porém, quanto mais olham para fora, mais vocês esquecem o portal que está bem diante de si, que é o próprio corpo.

Toda uma estrutura de experiências é construída a partir dessas interações, a partir do seu corpo. Mesmo que, por vezes, vocês não tenham um corpo tão bem estruturado como nas outras vezes em que existiram neste planeta, o seu corpo, ainda que nesta espécie, pode fazer muito por vocês. Nesta época da história do planeta, ainda que seja um corpo lotado de privações, há muito a ser descoberto nele, quantos portais ele pode lhes abrir e quanto ele explica sobre os mistérios da vida. O seu corpo diz muito, e esse é exatamente o grande ponto que nós queremos abordar com vocês. A doença abre portais e o corpo traz algumas revelações sobre a estrutura de aprendizagem, não só da sua raça, mas também de outras raças existentes no planeta. Como vocês foram colocados dentro de uma estrutura tridimensional, passam a viver dentro de uma linha de tempo com começo e fim. Essa estrutura de começo e fim já traz uma delimitação de experiências e, para que vocês possam viver essas experiências, precisam de uma estrutura e um recurso que lhes sejam apropriados. Por essa razão, o corpo de vocês tem algumas chaves de entendimento sobre essa tridimensionalidade; passado, presente e futuro estão juntos no seu corpo, e a estrutura corporal lhes mostra isso com total clareza. Em síntese: seu corpo é a representação material e vibracional da temporalidade de sua vida.

Seus olhos estão voltados para a frente, vocês têm a frente do corpo e têm costas que não conseguem enxergar. As costas funcionam como se tudo estivesse numa tela escura e seus olhos só se projetam para a frente. Assim, vocês têm muitas telas escuras, pois seu corpo anda e se movimenta para a frente, não para trás. Mesmo que possam tomar um impulso em movimentos para trás, vocês não andam para trás. Essa é a estrutura condicional da vida e todos começam a perceber a vida pela estrutura física, presos ao movimento tridimensional.

O seu corpo foi projetado para que o espírito pudesse entrar, diferentemente de outros planos e outras existências em que o passado, o presente e o futuro não estavam estabelecidos em um corpo. Em outras estruturas, em outros planos cósmicos, os olhos funcionam como uma consciência que vê tudo, para trás, para a frente e para os lados. Neste plano, vocês não podem fazer isso, e essa limitação que seu corpo traz tem explicação, tem propósito e tem uma carga missionária de experiências para que possam carregar até o último dia de sua vida. Recordem-se de que vocês não morrem, lembrem-se disso; o seu corpo, esse corpo que lhes foi emprestado a partir de um molde espiritual desenhado por vocês e pelos arquitetos genéticos, vai perecer. Nesse sentido, o corpo de um ser humano é todo projetado para o futuro, pois todo o tempo vocês estão em movimento.

Quando a vida neste plano acaba? A vida corporal acaba quando cessa o movimento. Vocês, com esse corpo, foram feitos para se movimentar como estrutura primária, tudo é movimento neste campo, e o seu movimento é sempre para a frente, ninguém se movimenta para trás, isso está no fluxo deste universo, no fluxo do propósito. Se vocês decidem caminhar para trás, precisam mudar o seu corpo e, se conseguem direcionar o seu olhar para trás, o para trás vira para a frente e o que era para a frente vira para trás. Ainda assim, trata-se de um movimento sistematizado e linear.

Essa é a estrutura que seu corpo dita sobre a temporalidade das coisas; toda a estrutura inferior que sustenta o seu corpo foi projetada para a frente, a exemplo da estrutura dos seus pés, que caminham para a frente. Ainda assim, as pessoas insistem em viver do passado, sendo que a estrutura matricial da raça é a construção contínua para a frente. Por isso, é hora de vocês deixarem o passado onde ele está e aprenderem a não o carregar, trazendo apenas os aprendizados que proporcionou a todos. Isso pode servir para curas.

Quando compreenderem isso que estou dizendo, todos vocês poderão mudar o sentido da existência e perceber como muitas vezes caminham em volta de si mesmos ao invés de seguirem em frente, no sentido da vida, coisa que o seu corpo diz todos os dias para fazê-lo. Lembrem-se de que vocês precisam se mover para chegar a algum lugar, precisam se movimentar para a frente. O que lhes espera como futuro está à sua frente; portanto, não permitam que seu corpo se movimente para a frente e sua mente se movimente para trás, do contrário, vocês começam a criar um problema de conflito interno que consome sua energia mais do que deveria.

Vocês podem consertar as coisas a partir do momento em que entendem que seu corpo é para a frente, assim como a sua vida e cada movimento que vocês fazem. E, a cada passo que dão para a frente, vocês deixam um passado no seu movimento, um passo para trás. Como quando se locomovem de um cômodo para outro em sua casa, aquele cômodo inicial fica para trás; a todo tempo vocês estão deixando algo para trás, fisicamente falando. Fica aqui um aprendizado de valor do viver: aprender a deixar coisas para trás.

Para que vocês possam cumprir sua jornada, deixem as coisas para trás, pois o movimento que importa é o fluxo vital, porque a vida é fluxo, tal como na ação básica de respirar: quando inspiram ar para os pulmões, enchem-se de vida; quando o expiram, sopram o ar velho para fora, é passado. Tanto o tempo passado como o atual estão presentes nos seus pulmões por meio do fluxo universal. O seu corpo lhes diz isso a todo tempo – as suas costas representam o passado, a sua frente representa o futuro e vocês, lembrem-se sempre, andam para a frente.

Se vocês começam a se alinhar nas suas escolhas, nas suas decisões, nos seus pensamentos e na sua guiança interna, posicionando-se para se projetar à frente, a sua vida se resolve por vocês mesmos, pela sua própria força, pelo seu próprio poder, e não porque alguém ou uma alma, um espírito, uma inteligência ou qualquer outra estrutura não física interveio a fim de que as coisas se acertem na sua vida. Vocês têm o poder desde que se alinhem com o fluxo de energia universal, o fluxo de energia da criação, o fluxo de energia da fonte, então passam a vibrar esse poder para lidarem com tudo aquilo que está programado para vocês e que foi feito por vocês.

Então, essa é a primeira lição importante: seu corpo é um instrumento sagrado de ensinamento sobre como se comportar diante das coisas da vida, dos ensinamentos que estão dispostos para vocês a cada instante da vida, dos movimentos que vocês fazem.

Assim como o seu corpo traz mensagens sobre o fluxo universal, tal como a respiração, o seu corpo tem impresso tudo de que vocês precisam para entenderem sobre si mesmos – seu corpo foi todo tatuado.

Alguns de vocês gostam de tatuagem, mas todos já vieram tatuados, está tudo no próprio corpo, suas linhas corporais estão lotadas de informações sobre vocês e são informações temporalizadas, que falam sobre o passado, sobre o presente e sobre o futuro.

Todos vocês, lembrem-se, foram tatuados com seu passado, seu presente e seu futuro: está tudo no próprio corpo. Muitos dos conhecimentos tatuados foram distribuídos ao longo da existência da sua raça, mas alguns desses conhecimentos foram perdidos, outros foram resgatados e muitos estão por vir por meio de pessoas que conseguem baixar a informação a partir de sua matriz de existência. Portanto, é hora de vocês honrarem o próprio corpo, olhando para ele com amor, com entendimento e com compreensão, trazendo luz e informação para que possam se reconhecer em cada momento da sua vida.

A estrutura do seu corpo, desta raça, traz outra informação sobre a capacidade de cuidar-se, sobre a capacidade de amar-se, sobre a capacidade de se regular. Seu corpo não é autossuficiente, vocês são. Nessa estrutura atual da raça, de certa forma, vocês são convidados pela vida, de uma maneira muito evidente, a ingerir coisas para que seu corpo possa sobreviver, o que caracteriza uma condição de dependência. Quando vocês passam a ser dependentes do alimento que é fornecido pelo planeta, sob as mais diferentes formas, inclusive as que vocês não entendem, precisam ingerir substâncias sólida e líquidas. Vocês precisam expelir esses alimentos de alguma forma, e isso exige uma vigilância contínua sobre tudo o que entra e sai do seu organismo. Seu corpo diz que, dentro da matriz existencial que foi programada para ele, é hora de vocês prestarem muita atenção em seu equilíbrio físico. Seu corpo diz que contém absolutamente tudo de que vocês precisam – até as disfunções muitas vezes presentes no sangue –, e isso lhes impõe desafios ao longo da vida. Ainda assim, o seu corpo é perfeito e fala uma série de coisas importantes. São esses sinais que trazem a consciência da cura, da estabilização energética. No entanto, se, ainda assim, vocês negarem ou não perceberem o que seu corpo pede, a doença vai se manifestar como forma de nutrir o seu despertar.

6
SUA REFERÊNCIA

✦ ✦ ✳ ✦ ✦

Nós enxergamos todos no mundo, conseguimos entrar em todos os campos e podemos afirmar a vocês que há muitos seres em seu planeta vivendo na mais alta vibração espiritual sem necessidade de prática espiritual alguma, simplesmente pelo bem energético que promovem a todos que estão à sua volta. Muitos indivíduos são pessoas simples, outros são sofisticados, de todas as naturezas e formas, mas vivem a plenitude da sua existência na mais alta vibração espiritual sem necessariamente se projetar para o mundo e querer ensinar as coisas para as pessoas. Muitos transcendem as doenças. Esses talvez sejam os grandes instrutores do planeta, que simplesmente estão vivendo a sua vida no anonimato, no seu cotidiano, na mais alta vibração energética.

Por isso, é importante vocês repensarem quem são seus gurus, quem são suas referências espirituais. Assim, talvez vocês passem a encontrar muitos exemplos da mais alta grandeza espiritual em cada canto da sua vida. Se procurarem e olharem para o lado, pode ser que se surpreendam ao constatar que quem vive a mais alta frequência espiritual não precisa divulgá-la; quem vive a sua mais alta frequência espiritual não precisa buscar iluminação, pois sua vida já atingiu a plenitude de manifestação dentro da sua matriz. Essas pessoas passam a ser doadoras continuamente apesar de também, pelo fato de existirem neste planeta, terem as suas provações exigidas até o último dia de sua vida.

É hora de vocês começarem a ressignificar a visão das grandes lideranças espirituais, os grandes exemplos espirituais. À medida que chegam ao alto do morro, vocês enxergam o mundo de uma maneira maior, vão ver a grandeza real das pessoas que não aparecem, das pessoas anônimas, das pessoas que pouca vontade têm de se mostrar e querer ensinar, mas são verdadeiros mestres da própria realidade.

É hora de vocês entenderem que, se quiserem buscar a própria cura, seja através do seu mestre, seja na sua realidade, não devem gastar seu tempo na busca pela iluminação, mas entender que são seres de luz e podem evoluir a partir da própria realidade, de tudo que está à sua volta. Seu cotidiano é o seu grande recurso de trabalho: a casa que habitam, as pessoas com quem convivem, sua família, seus amigos, as atividades que decidiram exercer. Tudo isso é o seu mundo, e a sua evolução espiritual ocorre nesse mundo que vocês escolheram e que escolhem todos os dias. A doença e a cura estão aí.

Essa é a máxima da presença com vista à evolução espiritual. Se quiserem a evolução espiritual, vivam o seu cotidiano, sejam pessoas melhores a cada dia. Se errarem, levantem a cabeça e digam: "eu errei, peço perdão!". Porque vocês não vieram para acertar nem para errar, vocês vieram para tudo: saibam ouvir, saibam se calar, saibam falar, saibam andar para a frente com retidão, saibam andar para trás se for necessário, mas só experimentando é que vocês poderão descobrir. Isso é a arte de viver, e é ao longo desse aprendizado que a evolução espiritual irá ao encontro de vocês, que o sentido da vida tomará o seu coração. É tudo muito simples, está tudo diante dos seus olhos, bem próximo de vocês, e as respostas sempre vêm à tona de um jeito ou de outro, de forma direta ou indireta, clara ou imprecisa. Seja como for, as respostas aparecem. Sua forma de viver é uma cura.

7
RESPIRO

✦ ✦ ✸ ✦ ✦

Respirem o momento, respirem a sua presença, respirem essas informações, inspirem-se e percebam que vocês já são seres espirituais que estão em uma experiência nesta raça, nesta fase do planeta, na evolução das raças, nas capacidades que sua raça tem neste momento. As capacidades mudam de acordo com os propósitos dos tempos; portanto, aproveitem tudo e vivam na sua plenitude, de todas as formas que puderem viver. Abram seu espírito, abram-se para as possibilidades, escutem o seu coração conectado com sua alma e tragam o melhor de si para a própria realidade. Sejam generosos com vocês, porque os erros ocorrem por melhores que sejam as intenções; é ao reconhecerem os erros sem se culpar que vocês evoluem espiritualmente. A doença pode ser parte disso tudo.

Respirem e tragam sua presença para este momento, sintam a sua presença, sintam o seu corpo, sintam tudo o que são, simplesmente percebam a criação através da própria respiração.

A sua respiração reflete o fluxo do movimento do universo em muitas frentes, em muitas dimensões.

É o ir e vir, algo que vocês fazem todo o tempo, de forma inconsciente, de forma mecânica, de forma repetitiva, mas vocês fazem. A condição imposta a vocês nessa experiência passa pela respiração, vocês absorvem e devolvem fluxos, vocês sentem a criação do universo a cada momento em que respiram.

Se vocês se dessem conta de que o fluxo da criação entra e sai de vocês todo o tempo pelo movimento, não procurariam tanto pelo criador ou pela criação, que tem muitos nomes e também não tem nome algum. Podemos chamá-lo de fonte, a fonte de todo o movimento deste universo e de todos os universos, e das muitas versões da própria fonte, porque os universos ou os multiversos são as muitas versões da criação.

Seu respiro e a forma de fazê-lo podem acessar códigos e fontes, afetando diretamente áreas do corpo e do sangue.

Vocês são seres que transmitem informações pela consanguinidade. Vocês se comunicam por gerações. Todos os códigos da raça estão em vocês no sangue. O sangue é um elemento de comunicação extremamente sagrado e poderoso, que sustenta o código de informação da raça com tudo que ela vem aprendendo e evoluindo. Está tudo no sangue, por isso é importante honrar o sangue, não temer o sangue. Os elementos simbólicos do seu corpo, muitas vezes, foram violados pelo modo como vocês os retratam, pela maneira como lidam com aspectos sagrados do corpo, transformando-os, assim, num entendimento equivocado do poder que vocês têm.

Resumindo: toda informação passa pelo sangue, todo fluxo universal passa pela respiração; vocês trocam informações através da consanguinidade, através de seus descendentes e ascendentes, assim como trocam informações a partir da respiração sem perceber esse poder que vocês têm. A respiração é uma cura.

Mais uma vez, a estrutura de dependência de vida à qual vocês foram submetidos exige que desenvolvam um elevado nível de consciência, de autorregulação, de controle, de amor e de cuidado com seu corpo, porque ele, na condição em que vocês se encontram, enquanto respiram, é tudo o que vocês têm, é o seu bem mais precioso. Seu corpo é a mágica existencial; não há bem mais valioso e perfeito para vocês, é o maior presente que poderiam ter recebido. Vocês dependem do corpo para viver suas experiências, para se movimentar quando necessário, mas ele só responderá se tiver de responder. Qualquer doença que nele se manifeste torna-se a estrutura inteira de um grande aprendizado, sendo que sua integração com o corpo pode levá--los a acessar uma chave para "qualquer" cura necessária.

Além de tudo que nós falamos agora, temos ainda algo muito importante para compartilhar com vocês sobre o corpo.

O corpo de vocês foi programado para receber fluxos de energia neste planeta, de todas as naturezas, sob as condições do planeta. O seu corpo é um receptáculo contínuo de energias que vêm e vão, tendo sido construído a partir de vários corpos sobrepostos, até que vocês tivessem todo o corpo densificado. Dessa forma, ele está pronto e preparado para transmutar energias vindas de todo fluxo cósmico, podendo receber sons vibracionais de diversas dimensões e partes do universo. Seu corpo recebe energias das naturezas mais diversas – elas vêm de cima, de dentro, elas descem e sobem no fluxo das energias do planeta. Reparem que seu corpo foi feito com extremidades e isso não ocorreu à toa. A respiração atravessa todo o seu corpo e produz ativações de cura inimagináveis. Vocês podem se curar apenas respirando, desde que tenham consciência do que estão fazendo. Esse fluxo de energia é para vocês.

O corpo foi criado com o propósito de receber a respiração curativa, daí vocês terem quatro extremidades básicas: as palmas das mãos e as plantas dos pés, por onde entram e saem as energias. Quando vocês respiram, trazem fluxos energéticos do universo que permeiam a estrutura do seu corpo e penetram seus poros, que absorvem essas energias e também se revelam pequenos portais de cura.

Por isso, é essencial vocês cuidarem das mãos e dos pés, extremidades muito importantes que podem utilizar para múltiplos propósitos em relação a vocês, em relação às coisas, em relação aos campos, às doenças e aos outros seres humanos.

Da mesma forma que vocês podem usar a energia direcionada por meio das extremidades, que é um recurso físico disponível para todos, também podem usar os poros da pele para explosões de energia e abertura de campos, desde que consigam alinhar todos os campos de energia e os portais que existem no corpo humano.

Há uma forma de respirar que produz explosões de cura inimagináveis. Deixem-me orientá-los:

"Tenham consciência de que o movimento deste universo é fluxo e refluxo, ida e vinda, tudo é replicado em pequena escala. Sendo assim, percebam que vocês simplesmente reproduzem em seu corpo o fluxo universal. Tendo isso em vista, respirem conectando--se com o fluxo universal, o fluxo da criação. Sintam o ar entrando e percorrendo em cura cada célula de seu corpo, visualizem a varredura sendo feita e saindo pelos poros, indo para baixo. Sintam o ar saindo, despedindo-se de seu corpo e abrindo espaço para o novo e

poderoso fluxo fazer nova varredura. Façam isso em sintonia com o universo. Sintam o universo e a criação pulsarem em vocês. Se dedicarem alguns minutos de seu dia a essa respiração consciente, poderão ter um nível de cura considerável em sua vida".

8
OS OSSOS E OS PENSAMENTOS

✦ ✦ ✺ ✦ ✦

O corpo de vocês tem diversos portais e um desses portais são os ossos. Os ossos são elementos deste plano e, quando vocês deixam o corpo aqui, tudo vira pó e volta ao plano, que será reutilizado por outros seres, por outras espécies e, até mesmo, por outras raças. Dentro desse pó, há muitas informações e universos. Dentro de cada grão, de cada poeira, de cada partícula, há universos se comunicando.

Portanto, seus ossos comunicam histórias deste plano, da sua raça e da sua consanguinidade, de toda a sua genealogia. Vocês têm chaves no corpo onde podem acessar histórias, períodos históricos e entrar no campo da grande biblioteca do mundo, onde todos os arquivos ficam armazenados com todas as histórias de tudo o que ocorreu neste plano.

Quando acessarem essa biblioteca, vocês passarão a compreender o seu momento de existência, e perceberão o cosmos como se fosse um grande computador, uma grande memória, uma memória à altura do seu planeta, capaz de coletar todas as histórias e todas as experiências em um só campo.

Percebam como vocês têm portais nos ossos e como esses portais podem abrir espaços históricos que transcendem as dimensões, principalmente as dimensões físicas às quais estão submetidos.

As doenças relacionadas aos ossos têm, por vezes, relação com resgate de famílias. Muitos seres humanos já encarnaram para limpar a família ou até a si mesmos, pois alguém pode ter sido seu próprio bisavô e voltar a este plano para consertar erros da alma encarnada.

Da mesma forma que os ossos atraem doenças, neles reside a cura. A cura pelos ossos passa pelo reconhecimento da doença e uma conexão onde está alojada no corpo. Sentir os ossos, entrar neles, conversar com as informações que estão alojadas neles é fundamental. Toda doença é um portal informacional que exige que o indivíduo, em consciência plena, procure acessar os campos presos, as histórias e a densificação alojadas no corpo. A cura pelos ossos passa por uma "viagem" histórica. Se o sujeito estiver preparado e com a mente livre, terá condições de acessar memórias e viajar no tempo-espaço. É nessa viagem que descobrirá sobre a doença e sua origem. Só assim poderá entender como lidar com ela.

Da mesma forma que os ossos são portais informacionais para a cura, seus pensamentos têm poderes além da medida.

O ser humano produz energia a partir de todos os pensamentos que tem. O campo dos pensamentos possui grande poder de produção de energia e essa energia, produzida a partir dos seus pensamentos, pode ser conduzida para fora ou para dentro. Essas energias podem ser direcionadas e manipuladas, operando em várias frequências com diferentes propósitos porque toda energia é manipulável.

Energia pode tomar forma e apresentar determinados níveis de qualidade, níveis frequenciais. As energias podem ter propósitos e carregam determinadas intenções de vida. Assim, foram disponibilizadas no planeta várias formas de vocês usarem a energia produzida, catalisada, canalizada e direcionada por meio dos pensamentos. Vocês se esqueceram de que, em outras épocas, os pensamentos eram utilizados para criar, transformar e manipular a matéria. Da mesma forma que era possível tal manipulação, os pensamentos podiam curar. Somente mentalizar curas era suficiente para elas serem manifestadas. E mais: o pensamento não precisa ser linear. Ele pode ser integral e pleno, contido em pacotes completos.

Na condição em que vocês se encontram fora deste plano, como consciências energéticas, não precisaríamos de todo o tempo aqui usado para lhes transmitir informações escritas, procurando traduzir conteúdos em palavras e frases elaboradas. Se estivessem na vibração original, teríamos transmitido todas as informações deste livro de uma só vez, em menos de um segundo de seu tempo.

No mundo espiritual, as transmissões são feitas por pacotes de inteligências, e não por meio de palavras. No plano terrestre, vocês se encontram aprisionados em uma forma de comunicar extremamente primária e primitiva. E, mesmo que tenham no histórico da raça uma linguagem ainda mais primitiva, seguem precisando de muitas palavras e frases para transmitir conhecimento entre vocês.

Há algo errado nisso, neste campo primitivo? De forma alguma, não há absolutamente nada errado no planeta de vocês do ponto de vista experiencial. Vocês estão submetidos, neste planeta, a uma condição de prisão pelas palavras, porque há muito aprendizado e muita troca que vocês precisam fazer para avançar.

A tendência futura é que essas estruturas verbais de frases e de trocas por meio de palavras, com o passar de milhares de anos, evoluam a ponto de vocês conseguirem se comunicar sem necessariamente precisarem de todo este tempo que aqui usamos para transmitir informação. Vocês estão presos a essa estrutura de comunicação. Por quê? Porque há muito para aprender e essa estrutura de comunicação passa pelo aspecto linguístico, de acordo com o qual vocês precisam da voz, do som, da elaboração desse som e do reconhecimento do mesmo pelo outro para que possam se fazer entender. Vocês estão presos a esta estrutura comportamental e corporal, e isso é mais um aprendizado para vocês.

Se entenderem que podem sair dessa estrutura prisioneira de comunicação pela matéria, vocês se transportarão para o mundo cósmico, que funciona de outra forma. Uma vez nesse mundo, vocês conseguirão melhorar seus pensamentos, relativizar suas verdades e abrir acesso para receber informações que lhes disponibilizarão a cura de muitas doenças que se manifestem ou que possam vir a se manifestar.

# 9
CORTE DE CONSCIÊNCIA

✦ ✦ ✴ ✦ ✦

Muitos de vocês buscam uma grande conexão com a própria presença e com a própria vida, baseados nessa experiência que trouxeram a este planeta na condição da raça que incorporaram. A busca por essas conexões é natural e lógica, sendo fruto do esquecimento de quem vocês são. Não se culpem necessariamente por esse esquecimento, pois ele existe por uma condição de experiência. E aqui exatamente reside um ponto de aprendizagem para vocês.

Vocês não têm a responsabilidade por terem baixado sua frequência e esquecido tudo o que representa a verdade e o que é o outro lado. Isso geralmente justifica uma pessoa estar neste mundo pensando "quem sou eu", "o que estou fazendo aqui", "qual é o sentido do meu viver".[1]

---

1. Para se aprofundar nesse tema, leia: Eahhh (Espírito). *Quem é você*: ensinamentos pleiadianos para conexão cósmica e espiritual (canalizado por L.B. Mello Neto). Belo Horizonte: Merope, 2022.

As desorientações e os desesperos se justificam pelo corte de consciência que sofreram em relação a quem vocês são. Isso não significa que precisem aceitar essa condição e permanecer nela indefinidamente. Uma vez que vocês entendam que esse corte faz parte da jornada, serão capazes de compreender que isso significa um teste da condição mais primitiva de sua consciência.

Aceitem que vocês vibram numa consciência baixíssima por mais que busquem se elevar, e alguns de vocês até conseguem. Esta consciência baixíssima traz, por vezes, toda uma gama de experiências através do seu instinto espiritual. Tudo o que a sua consciência maior, a sua alma ou o seu espírito originário quer é que você evolua a partir de toda a instintividade do seu espírito na mais baixa vibração, porque nela há um campo extremamente fértil de oportunidades de crescimento, de lapidação do molde do espírito.

Entendendo esse fato e essa condição que lhes é imposta, por que então se desesperar tanto? Sua situação, por natureza espiritual, já é precária e o corpo que vocês recebem é igualmente precário sob circunstâncias também precárias, e há muita doença e aprendizado em tais circunstâncias.

Essa é a sua condição de completo corte da consciência, mas a evolução não passa pela consciência espiritual necessária. Os seres que conseguem ascender à condição de existência no planeta em uma vibração mais alta de luz não são necessariamente seres religiosos, com alto conhecimento espiritual. Trata-se de mais um engano da sua raça. Há muitos de vocês vibrando numa frequência alta sem, obrigatoriamente, terem conhecimentos espirituais, porque a sua experiência encarnada num corpo passa por suas atitudes em relação a vocês e a tudo à sua volta: pessoas, outros seres vivos e coisas.

Vocês não são medidos pelo conhecimento espiritual que têm, são observados à luz da frequência que emanam. Essa frequência emanada está diretamente ligada a suas atitudes e a seus pensamentos, e não ao conhecimento. Não nos interessa o seu saber ou o que evidenciam como espiritualidade; importa-nos como vocês se mostram, nos gestos e nas atitudes mais simples. Nos momentos de grande provação é que vocês revelam a luz da frequência em que brilham, vibram e emanam.

E, a partir desta emanação, o jogo da sua vida se desenrola e vocês vão movimentando os campos porque sua existência é uma movimentação de campos, que se dá pelo nível frequencial em que vocês se encontram.

Tudo isso não significa que vocês não possam avançar pelos caminhos espirituais ou religiosos. Eles são caminhos, têm o seu valor e a sua importância, mas as evoluções frequenciais das pessoas não necessariamente estão vinculadas ao caminho espiritual de estudos ou de práticas religiosas. Queremos repetir e enfatizar: a evolução das atitudes muda as frequências e, ao mudarem as frequências, vocês estarão contribuindo com o planeta, com a coletividade e com sua própria matriz de experiências nesse plano.

Tudo que importa a vocês envolve a quantidade de luz que estiverem vibrando a partir de suas atitudes, que mantêm correlação de forma muito íntima com as raízes de seu ser maior, ou melhor, de sua consciência maior. Suas atitudes dizem tudo sobre vocês, revelam tudo o que são, falando ou em silêncio, agindo ou mesmo observando, e o somatório de suas atitudes define, inevitavelmente, o seu campo frequencial, distinguindo-se completamente do que vocês projetam a partir da sua imagem e da sua fala. É o que vocês são, vamos dizer assim, nos bastidores do seu teatro, que revela a vibração em que vocês estão; portanto, podem enganar as pessoas e o mundo, mas não podem ludibriar as frequências de energia e a verdade universal. Sua vibração não engana os elementos do espírito, nem vocês o fazem a si mesmos, até porque, no fundo, sabem quando estão iludindo ou não. Enquanto vibrarem fora de uma frequência maior, a doença lhes será oferecida com muito amor.

Ainda assim, muitas pessoas perguntam: "como posso me conectar com tudo que sou como espírito?", "como posso me conectar com reinos superiores espirituais?".

Pois bem, são válidos o pensamento e a busca pela conexão espiritual para que o sentido do viver se torne mais claro, mas entendam que tudo deste campo envolve duas questões. A primeira delas é se o seu pedido e a sua vontade estão no contexto de programação da sua existência porque, se estiverem, isso vai ocorrer. Esse é o primeiro ponto de atenção.

E o segundo aspecto importante para vocês terem em mente é se o que procuram tem a permissão, dentro da conjuntura do planeta, de ocorrer. Assim, uma questão é a permissão e a outra, a programação. Se isso estiver na sua matriz de experiências, vocês terão em algum nível *flashes*, espasmos ou momentos de conexão, dependendo do seu campo vibratório com seu ser, com a grande parte sua que não encarnou e que sustenta vocês no *grid*, numa cadeira do universo.

Todos estão ancorados numa parte do universo, vivos, latentes, pulsantes e conscientes. Porém, um aspecto, uma parte de cada um está aqui, desmemoriada, desconectada e integrada nesta experiência enquanto ela está programada para existir.

Acordar para uma realidade ainda maior poderá abrir entendimento sobre sua programação e tudo que está vivendo. Somente acordar pode representar uma cura, pois o sentido do viver se torna mais claro e iluminado.

10
PONTO DE CONEXÃO

✦ ✦ ✷ ✦ ✦

Quando vocês procuram se alinhar ao seu ser superior, entendemos que querem encontrar o que chamamos de pontos de conexão.

A primeira prática que vamos trazer pode ser útil para que o indivíduo possa atingir o ápice maior do ponto de conexão com seu ser. Ressaltamos, salvo raríssimas exceções, que um ponto de conexão estabelecido é suficiente para receber informações em grande volume, dando resposta e significado a muitas coisas da sua vida, o entendimento do que é deste mundo e da ilusão que todos vivem, apesar da significativa experiência.

O primeiro passo para vocês compreenderem como construir essa conexão é trazer uma memória de algo ou de uma época que viveram, um tempo mais próximo, vamos dizer assim, da sua jornada inicial e da conexão com seu espírito, quando eram crianças. Vocês não têm ideia do poder da fantasia, da pureza e da ingenuidade, tanto que, a partir desses três campos – pureza, fantasia e ingenuidade – vocês podem apresentar uma reconexão profunda com quem são do ponto de vista espiritual ou, mesmo, do mundo espiritual a que pertencem.

Muitos de vocês abandonaram essa criança e as memórias que têm dela por diversas razões, mas ela representa um portal para vocês se conectarem com tudo que são. Vocês não têm ideia de quanto esse portal é poderoso, de como é importante abrir as memórias, trazendo e resgatando, em nível de detalhes, coisas que viveram, principalmente a vibração da pureza, da ingenuidade e da fantasia. Muitos de vocês são capazes de olhar para o céu à noite e sentir saudade, e ficar assim por horas. Isso é a fantasia da criança, que, na verdade, são memórias. A partir do momento em que abrem o campo para essas memórias, para as fantasias de todas as naturezas que existiram, vocês entram numa viagem dimensional e podem ser transportados para o mundo espiritual, mesmo estando nesse corpo, respirando e ainda olhando as coisas à sua volta dentro de uma perspectiva material. Vocês passam a ter, nesse momento, um transporte espiritual, por meio do qual começam a sentir o mundo espiritual, que é o mundo real, é um toque, é um contato.

Quando vocês conseguem fazer esse contato por meio do portal da criança, da fantasia, da pureza e da ingenuidade, essas memórias vêm com um sentimento de absoluta certeza do que têm à sua frente: vocês enxergam com outros olhos, com o coração, e isso, muitas vezes, representa mais realidade do que a realidade comum. A chave é vocês se permitirem viver a fantasia. Fantasiem, pois a imaginação da criança, a partir da pureza, é a capacidade que todos têm de olhar para o céu e deixar que memórias venham, mesmo sem o mais absoluto sentido – memórias de cenas, de imagens, configuradas e não configuradas, de pessoas e paisagens que vocês não encontram no seu planeta. São imagens desses tempos que estão registradas em vocês e, à medida que se abrem, recuperam muitas vezes a memória de quem vocês são e do que estão fazendo aqui na medida do possível. Trata-se de uma grande cura.

Não há como medir o poder que as memórias da criança podem oferecer a vocês. Por isso, nós recomendamos que abracem as memórias que tiveram na infância, mesmo que tenham passado por situações difíceis nesse período. Porque, como crianças, ainda assim tiveram seus momentos de pureza, ingenuidade e fantasia.

Quando vocês se conectam a esse portal, cenas e sentimentos vêm à mente. Permitam que eles se movimentem e que vocês se movimentem a partir deles. As coisas, às vezes, parecem não fazer sentido, mas não subestimem as coisas que são do mundo espiritual, elas não se manifestam como no mundo encarnado. Simplesmente aceitem, se entreguem e admitam a possibilidade do que vocês estão vendo com outros olhos. Algo que poderíamos chamar até de um terceiro olho.

Essa é uma chave importante para que vocês possam fazer a conexão com seu espírito e com curas, porque foi na fase da infância que vocês mais beberam da origem, de onde vocês vieram. Quanto mais cultivarem a criança que foram, quanto mais memória tiverem, mais poderosa será a conexão com seu espírito.

Muitos pedem conexões maiores com outros seres, com outras legiões, com outros campos frequenciais para curar doenças. Há uma chave muito poderosa para que vocês possam fazer isso. Trata-se de um portal e ele é bastante simples, apesar de muito estratégico e poderoso. Que portal é esse?

É o portal da fé. Significa vocês acreditarem que podem se conectar com campos de frequência mais elevados. Mas, para isso, é necessário crer sem desejos, simplesmente crer, entregar-se com absoluta fé para que suas energias subam. À medida que vocês manifestarem a fé sem desejos, abrirão o campo para que sua frequência se torne mais sutil e mais pura. E quando passarem a viver e a sentir sua energia vibrando numa frequência mais sutil e mais pura, permitam-se simplesmente harmonizar essa energia com outras energias universais, que podem transportá-los para vários campos deste universo. Mesmo que vocês estejam no seu corpo, seu espírito e parte dele vão viajar para lugares mais distantes.

Conforme parte do seu espírito se eleva, ele pode ir para vários lugares e, quando vocês o acompanham, entram no campo do espírito que tudo vê, o olho que tudo vê, como se virassem fumaça. A fumaça não tem frente nem costas, não tem em cima nem embaixo, e o mesmo ocorre com vocês, que passam a ser completos. Essa completude ocorre a partir da crença que lhes permite atrair um novo nível frequencial mais sutil, que os coloca em contato com uma luz, uma qualidade de luz que cura.

Existem vários níveis e qualidades de luz. À medida que fazem esse exercício, vocês passam a ter a condição de se relacionar com outras energias cósmicas que conseguem se conectar a vocês no universo, do outro lado. Se vocês não estiverem vibrando em determinadas faixas de frequência, não conseguirão se relacionar com outros seres, outras consciências ou outras faixas. Há aqui um aprendizado muito grande a fim de construir chaves para vocês evoluírem e se curarem. Por isso, é tão importante a fé, acreditar que vocês podem.

Há outra chave importante para vocês, que abre pontos de conexão maiores: a sua generosidade consigo mesmos e com o próximo, uma generosidade adulta, e não uma atitude interesseira ou temerosa. Não há nada a temer. Quanto mais a pessoa faz por si e pelos outros, mais eleva sua vibração. Se esse movimento for bem proporcionado, a vibração irá se tornar agregadora e potencializadora das energias que ali estão.

Por isso, é muito importante entender que as suas atitudes podem, sim, elevar a frequência vibratória de todos e colocá-los num patamar de sentir, cheirar e tocar a consciência do próprio espírito, lembrando que o próprio espírito não lhes dará toda a consciência de doenças e curas.

Trazendo isso para uma perspectiva evolutiva, certamente muitos de vocês, conforme vão se tornando mais velhos e sábios, aprendendo com os erros, tendem, de certo modo, a vibrar em uma frequência mais elevada e, com isso, reunir condições de tocar a ponta da sabedoria do espírito, desde que tenham aprendido as lições. Só que muitos de vocês não aprenderam as lições, simplesmente as repetem, ainda mantendo os desejos.

Há outra prática muito poderosa em termos de conexão que pode ser feita com vocês, por vocês e pelos outros. Essa conexão se dá pelo seu alinhamento com os raios que sustentam este planeta. Vocês podem invocar esses raios, que se manifestam em frequências, temperaturas e cores diferentes.

O universo das cores é outra chave para vocês se elevarem. Faz-se necessário entrar nas cores, porque são consciências vivas e, dependendo da sua frequência, vocês podem vibrar junto com elas e criar um canal de conexão com outros seres, em outros níveis estelares. Portanto, esta é mais uma chave, o universo das cores e das vibrações. Doenças têm cores e cores curam.

Existe ainda outra chave, que pode estabelecer toda a condição de sua existência e uma ressignificação da sua forma de viver pela conexão com o espírito. Isso tem a ver com sons.

Muitos dos seres da natureza conhecem o poder do som, quão regenerativo ele é, quanto ele amplifica a percepção da vida. Por isso, não cabe avaliar se vocês têm o dom do canto ou da voz. O dom do som é de todos, é a capacidade de todos se expressarem criando sons próprios, e esse som se conecta ao universo. Todos têm um som, assim como os insetos, os anfíbios, os pássaros... Eles emitem um som e cantam, e há a hora certa de cantarem.

A pergunta que nós deixamos para vocês é a seguinte: qual é o seu som? Qual é o som que vocês podem soltar de forma consistente e ininterrupta? Por meio do som, vão criando uma sintonia fina com elementos e forças cósmicas universais. Isso pode parecer estranho porque a sociedade de vocês se esqueceu desse conhecimento. Há muito, muito tempo, a sua espécie se reunia para invocar sons e estes construíram boa parte do que vocês conhecem hoje como as pirâmides. Vocês estão próximos de encontrar esses sons novamente, sons científicos, e gravem bem: vocês têm seus próprios sons. Assim como o pássaro canta – não o cantar de uma música, entendam bem, mas o som que é próprio dele –, as cordas vocais de vocês podem emitir o seu som particular todos os dias durante um período, trazendo-lhes uma sintonia fina do universo. Esse é mais um canal de conexão que nós entregamos para que vocês possam medir, avaliar, avançar e constatar experiências cósmicas num nível mais sutil de curas.

Lembrem-se sempre de que a energia está disponível para vocês, que a divindade está disponível para vocês, então façam bom uso delas porque isso pode trazer um novo significado para a sua vida com uma visão mais clara do seu papel e da sua representatividade neste momento do planeta.

11
A ENERGIA PRIMÁRIA

✦ ✦ ✶ ✦ ✦

Todo o planeta é um campo eletromagnético e outras esferas – em outros campos de energia – vibram também com o mundo de energias entrelaçadas e sobrepostas.

O campo planetário de vocês é totalmente preenchido por diversas formas, por diversos raios, por cores, lembrando que as cores são também consciências coletivas que sustentam campos, e elas descem em todos os vários raios de luz.

Diferentes naturezas, dentro das cores que vocês têm condição de identificar, estão contidas no seu universo, contidas nos componentes de que foi feito o seu universo; em seu planeta habita todo tipo de matéria interdimensional. Vocês vivem num plano vibrando em frequências diferentes; portanto, quando vocês olham o seu espaço em sua casa, é hora de se abrirem a esse espaço, entendendo que ele é ocupado por diversas energias sustentadoras.

Não queiram, neste momento, compreender mais do que podemos dizer, ou seja, o que são essas energias, o que as sustenta, o que as preenche, de que cores são e por que têm essas cores. O que importa é compreender que o espaço em que vocês vivem não está vazio. Quando dizem a si mesmos "quero expandir os meus horizontes, quero abrir os meus raios, quero ter luz, quero me iluminar para poder ver as coisas além e me curar", o caminho é muito simples: comecem a abrir-se ao invisível, ao que os seus olhos não veem. Comecem a conectar-se com esses campos, que estão completamente preenchidos. Se vocês estão em seu quarto, por exemplo, comecem a observar o local, sintam o que está ali. Se puderem simplesmente se abrir a esse campo específico, não com desejo, com o objetivo de verem algo, mas simplesmente com o propósito de se entregar, irão se conectar. Lembrem-se de que vocês também são esse campo, e que a energia que sustenta a existência de todos vocês nesse corpo é invisível aos seus olhos.

À proporção que se reconhecem como pessoas, como seres que vibram e sustentam um corpo físico enquanto ele está cumprindo uma jornada determinada, vocês passam a compreender que não precisam enxergar o campo, vocês simplesmente se reconhecem como sendo parte do campo, materializando-se em um corpo, um corpo que vibra, um corpo pulsante, um corpo que está em movimento e que irá se findar. Portanto, o corpo que se finda não é um corpo real, é um corpo transitório. E tudo que é transitório é uma ilusão, tudo que se transforma no seu plano é uma ilusão. Quando começam a distinguir o que é ilusão e o que é real, vocês passam a expandir sua consciência para a região dos campos e se conectam com outro nível, que é o nível originário, primário da fonte, da fonte de energia que sustenta toda a experiência deste plano.

Muitas pessoas não conseguem se abrir à sua espiritualidade e à sua capacidade de se conectar com as forças, com o universo do que é chamado de invisível, porque se esqueceram de quem são.

Quando vocês começam a transcender o seu corpo e tudo que são, e passam a se conectar com a energia primária que sustenta esse corpo, a energia que, no tempo devido, retorna ao seu lugar de origem, vocês se abrem ao ponto de conexão. Nessa conexão, há portais de cura.

O corpo vai embora, apodrece e volta ao pó porque ele precisa se renovar na Terra para que novas experiências possam ocorrer. Quando se lembram de que, no fundo, vocês são isso – criam, adoecem, vivem e morrem –, passam a não sofrer pela doença.

A pavimentação da estrada de conexão com esse campo que vocês não veem e que está a todo o tempo presente e que é o campo que preenche todo o universo é a integração das energias sutis. Esse campo é feito do sutil, de elementos sustentadores da realidade da terceira dimensão, mas existem campos sobrepostos e, à medida que vocês sutilizam a sua presença e a sua frequência, começam a se conectar com esses campos. Não obrigatoriamente vocês precisam enxergar com os olhos; podem enxergar com o olho do espírito, aquele que tudo vê, inclusive além das dimensões tridimensionais. Esse olho não representa necessariamente os seus olhos, enquanto órgãos da visão. Esses são instrumentos para guiá-los na sua realidade física, e não no mundo espiritual.

No mundo espiritual, vocês não precisam desses olhos, os seres assumem outras formas. Os indivíduos não têm frente nem costas, simplesmente são, de maneira que vocês podem tomar a forma que quiserem quando estiverem no mundo espiritual.

Enquanto se entenderem como essa estrutura com mãos e dedos, olhando e se reconhecendo assim, não se conectarão com os aspectos sutis do campo.

Reconheçam seu estado de presença em seu corpo, mas, ao mesmo tempo, saibam que não são esse corpo. Vocês não são a doença, apenas estão com ela; sua vida e seu corpo são instrumentos, veículos, sua casa provisória; por isso, devem honrá-la, amá-la e cuidar dela soberanamente.

Quando puderem reconhecer sua presença como seres espirituais e quando passarem a não levar tão a sério os jogos que existem neste planeta, sem deixar de jogá-los, vocês minimizarão os sofrimentos e as doenças que muitas vezes os acometem ou lhes foram impostos pelos contextos históricos de cada um. Assim, vocês poderão se utilizar da própria presença e da própria frequência. Quando compreenderem isso, absolutamente tudo mudará, porque começarão a sair da ilusão da separatividade, da ilusão da existência e da ilusão de que o mundo material é a realidade, assim como a doença.

Ao aprenderem a se conectar com energias primárias, serão abertas condições de se conectarem com as mesmas energias relativas a uma doença e, com isso, vocês poderão entender por que estão passando por determinadas situações.

É importante a compreensão sobre o campo e, à medida que se conectam a ele, vocês se elevam. Quando se elevam à vibração do planeta, novas informações chegam. Essas informações vão baixando no âmbito planetário à proporção que o planeta vai ascendendo a um novo nível vibracional e as novas informações vão trazendo novas experiências coletivas, sociais e frequenciais, que certamente seguirão afetando sua espécie e todas as outras espécies de alguma forma. Quanto maior a dimensão, maior é a compreensão de tudo.

12
SEU LUGAR NO UNIVERSO

✦ ✦ ✷ ✦ ✦

Quero dizer a vocês que é importante não só se conectarem com a própria presença, mas também se colocar na reconexão que abre o seu lugar no universo.

Uma das coisas mais importantes que vocês podem fazer quando decidem expandir sua presença e admitir que isso é um chamado do seu espírito, é abrir-se ao seu lugar no universo.

Existe um lugar onde seu "ser" habita, onde a sua energia matricial está. Vocês podem se conectar com essa energia em um recanto só seu, como se fosse um local onde o sagrado está guardado. Trata-se do seu sagrado, é o seu lugar.

Abram-se a esse espaço sem querer compreender o que é e onde está. Ele, por vezes, aparece por meio de memórias, de imagens ou dos sonhos, sendo que, em muitas ocasiões, o sonho não representa o sonho propriamente dito, mas um momento em que vocês saem do corpo e vão trabalhar.

Saibam que todos os dias, quando vocês se deitam, vão trabalhar fora do plano e o corpo de vocês fica como se fosse o motor de um carro, ligado para que possam voltar. O corpo não pode morrer. Em alguns desses momentos em que estão dormindo, os sonhos são reparações que o sistema do seu corpo faz para que vocês não enlouqueçam. A experiência encarnada é tão forte e dolorosa que vocês precisam dessa compensação psíquica ao dormir. Mas, mesmo a encarnação sendo muito desafiante, muito sofrida, vocês atuam com a riqueza, a nobreza e a grandeza da própria alma, tornando essa experiência tão suavizada a ponto de se sentirem felizes, conseguirem ter alegria e construírem um mundo belo. Eis aqui a grandeza da sua experiência!

Seu lugar no universo é um código de campo confluente. Há um registro seu pelos desdobramentos de campos conscientes. Todos os desdobramentos são registrados para quando houver o recolhimento, e a integração é realinhada naturalmente. Seu lugar envolve combinações e esferas vibracionais que sustentam vocês. Seu lugar é algo magnífico, assim como o de todos, e ele muda e evolui a partir da evolução de seu espírito nas jornadas que ele mesmo programa. Cada programação, uma evolução e, com isso, seu lugar ascende.

A ascensão de seu lugar não é algo tão rápido quanto pensam, até porque, em outros níveis dimensionais, o tempo-espaço é diferente e há campos onde não há tempo-espaço. Por vezes, seu lugar no universo está guardado enquanto, mesmo de volta ao mundo espiritual, vocês permanecem em cidades espirituais, em naves ou mesmo em outros planetas de sua origem. Por isso, mesmo que retornem ao convívio de sua origem estelar, seja ela onde for, seu lugar no universo não é lá. Há um campo onde vocês vivem, como se fosse seu respiro e sua sustentação espiritual.

Vocês devem se perguntar: "como faço para me conectar com meu lugar no universo?". Digo-lhes que é mais fácil e simples do que possam imaginar. Sintam o lugar! Isso é tão e só seu que ninguém mais pode sentir. É algo único e particular. Ao crerem e sentirem, vocês já se conectaram com seu lugar.

Vocês querem saber como perceber se se conectaram? Também é simples. Vocês terão exatamente sensações de plenitude, preenchimento e paz. Ao se conectarem com seu lugar, automaticamente recebem uma carga de energia inexplicável e sutil. Isso não significa que receberão alguma cura; esse lugar apenas os acolhe e fortalece.

Durante uma doença, de qualquer gravidade ou consequência, recolher-se ao seu lugar no universo é algo muito acolhedor, que traz alívio. Estar no seu lugar no universo pode fazer com que lidem melhor com a doença, aceitem-na, superem-na ou, mesmo, sejam pessoas profundamente gratas por tudo que passam.

13
APRENDIZAGEM EM PARALELO

✦ ✦ ✱ ✦ ✦

Em um mundo de tanto sofrimento e tantas doenças, onde as pessoas estão presas a um corpo – o que não ocorre no mundo espiritual –, viver um tempo tão curto com tamanha alegria, compaixão e busca pela paz, tendo a capacidade e a humildade de se colocarem numa posição de contínuo aprendizado e ainda agradecer por isso, somente eleva a sua experiência a um nível ainda mais sutil de energia.

Portanto, a experiência de vocês neste plano é uma experiência dura, mas não é real – trata-se de um aprisionamento não real. Vocês não têm memória, não se recordam de quem são, não sabem quando vão partir nem sob quais condições isso acontecerá. E ainda existe muito sofrimento na partida, ou melhor, na verdade, na volta para casa.

Muitos estão pagando por esse sofrimento ao longo da vida, por isso o planeta está repleto de angústia e doenças. Por que vocês acham que isso ocorre? Por que há um Deus bom ou um Deus ruim?

Não, todas essas experiências fazem parte de um grande acordo coletivo firmado para que certos grupos espirituais, que precisam passar por essas experiências, possam se purificar, se libertar e trazer novos níveis frequenciais para a sua jornada evolutiva. E esses processos levam milhões e milhões de anos. Isso pode até provocar em vocês um cansaço ao escutarem que são milhões e milhões de anos experimentando repetidas vezes, sabendo que algumas raças vêm e outras se vão, algumas espécies humanoides vêm e outras se vão. Além disso, passam-se alguns bilhões de anos, uma determinada espécie termina e outra começa, juntamente com outras experiências e jornadas.

Vocês fazem parte de uma dessas jornadas, mas houve outras no planeta, com outras espécies, outras matrizes energéticas e outras civilizações. O planeta já foi muito usado e essas civilizações, quando terminam, não deixam um histórico.

As histórias que vocês têm são parte da sua própria civilização de outras épocas com resquícios muito, muito pueris. Mas das civilizações mais antigas e de outras raças, vocês não se recordam de absolutamente nada na condição em que se encontram, nem poderiam porque não estão num nível elevado de frequência que os façam efetivamente entender e conviver com a verdade.

Vocês constituem uma sociedade ainda vivendo dentro de uma grande e tremenda mentira, uns mentem para os outros e vocês mentem para si mesmos. Isso é uma grande doença que acaba por se transmutar em seu corpo.

O que está sendo trabalhado ao longo dos anos, e isso ainda vai levar muito do seu tempo, é a reconexão de todos vocês pela telepatia. Vocês estão sendo preparados gradativamente para resgatar essa habilidade, mas essa prática ainda levará gerações e gerações com muitas doenças em sistema de cura coletiva. E como vocês estão sendo preparados? Por meio da tecnologia. A tecnologia vem como um instrumento para trazer cada vez mais a sutileza para vocês.

Os indivíduos estão se tornando cada vez mais sensíveis, passando a crer em coisas nas quais não acreditavam, e todo o processo de mutação e elevação da espécie humana passa por um fator primário, que se chama crer, apenas acreditar. O fato de simplesmente vocês acreditarem, admitirem a possibilidade, faz abrirem-se os canais de uma forma absurda, sem freios e sem controle.

Basta vocês acreditarem no campo para perceberem que podem se conectar com aquilo que não enxergam; basta acreditarem que existe um lugar planetário; basta acreditarem que fazem parte de uma experiência recente, de milhões de anos, de uma espécie que está progredindo por conta das experiências pelas quais ela mesma passa no planeta. Eis o momento em que vocês se encontram, e ainda há milhares e milhares de anos do seu tempo para que essa espécie possa findar sua experiência e, quando isso acontecer, tudo se encerrará e começará um novo ciclo no planeta com outros atributos.

Para que a jornada da espécie se finde, vocês precisam se experimentar na sua magnitude dos erros e dos acertos, expurgar os erros por meio de doenças. Vocês vieram para se autoexperimentar, por isso há tanta guerra, tanta mentira, tanta traição, tanto prejuízo, tantas coisas que uns fazem contra os outros, esquecendo que vocês são todos participantes de uma mesma condição.

Assim, eu trago para vocês as informações que abrem um universo a partir da sua crença, revelando que todo o planeta é um ser vivo, contendo multidiversidade de vidas sobrepostas em camadas e que vocês estão na camada mais baixa de frequência deste planeta, o que lhes traz, de certa forma, a oportunidade de realizar um exercício tremendo de grandeza. A doença mais uma vez vem como cura dessa baixa frequência.

Por isso, é hora de começar a olhar para os problemas que vocês têm e ver qual é o tamanho de vocês em relação a esses problemas. É importante que entendam que os problemas de vocês nunca são maiores do que vocês mesmos, eles sempre vêm na proporção do estímulo: um problema, um desafio, uma situação. Sua vida representa um movimento energético de estímulo para a sua grandeza, e esse movimento pode durar muitos e muitos anos, dependendo da programação que fizeram. Se vocês passam a ver tudo como um aprendizado, ascendem em paralelo à própria grandeza e se conectam com todo o campo invisível que habita e completa este planeta.

A ilusão do mundo tridimensional vai provocá-los o tempo todo, colocando-os para baixo, tapando de alguma forma a luz de vocês. No entanto, não há um dia igual ao outro, todo dia é novo, uma energia nova na condição em que vocês estão de tridimensionalidade, mas o seu espírito é único, atemporal, capaz de sustentar tudo. Apenas se recordem disso a cada momento de sua vida, pois os episódios difíceis representam uma oportunidade e os maravilhosos e iluminados serão uma memória. Se vocês entenderem isso, mudarão sua relação com tudo.

E vocês poderão me perguntar: "então, por que está nos trazendo essa informação?". Por uma razão simples: para vocês se abrirem à conexão da sua força maior. Não que ela vá lhes trazer toda a memória, mas trará uma visão suficiente, ainda que parcial, para lhes ativar uma grandeza imensa e uma força acima do normal, de modo que vocês possam fazer a sua jornada e fechar os ciclos de aprendizagem da sua matriz nos tempos que estão acelerados.

Esses tempos acelerados consistem numa excepcional oportunidade que vocês têm para fechar ciclos de aprendizagem. Mas só conseguirão fazer isso se abrirem seus canais aos olhos do espírito, entendendo que vocês não se encontram neste plano o tempo todo, só quando estão acordados. Sua conexão com o espírito, porém, fica ligada continuamente, mesmo estando acordados, e quando vocês dormem se recordam dela, como se todos os dias percorressem uma passagem, fossem para outro plano e depois voltassem para o corpo.

14
O DESPERTAR DA CONSCIÊNCIA

✦ ✦ ✸ ✦ ✦

O despertar da consciência não ocorre simplesmente acionando um botão, que vocês apertam de forma mecânica e despertam. Vocês acordam a consciência para várias coisas, tornam-se cientes, ativam seus saberes, reconhecem e, a partir do momento em que estão despertos, podem tomar decisões sobre tudo o que ocorre em suas vidas.

Para começar o despertar, simplesmente sintam. Tudo começa com a presença, acalmando a mente, eliminando as expectativas para o momento. Não que vocês não possam ter expectativas na vida, elas surgem quando vocês se encontram em um fluxo temporal de passado, presente e futuro.

O fluxo temporal existe por conta da matéria, de sorte que, ao existir uma matéria, vocês entram em uma matriz. Quando vocês saem da matéria, vão para outro nível frequencial. Já o espaço-tempo funciona de uma forma muito distinta e cada faixa frequencial tem matrizes diferentes, armadilhas por onde o espírito perpassa.

Só o fato de vocês estarem encarnados, presos a um corpo, já caracteriza uma armadilha. Quando falo de armadilha, não significa que foram apanhados, pois vocês estão sob uma condição de teste de tudo que pensam, fazem e agem. Tudo que ocorre em sua vida é um teste, e é uma excelente oportunidade de uma grande evolução, mas é exatamente na presença que vocês conseguem transpor a armadilha temporal. Vocês não vão fugir dela e viver fora do tempo, pois do contrário não conseguiriam viver, ter suas experiências aqui, aprender sob todas as óticas e nuances, mas é o acordar para essa realidade que lhes dará força.

É importante que vocês consigam perceber que na presença é que muitas vezes vocês enxergam o que normalmente não conseguiriam ver. E, uma vez que enxergam e percebem, mais condições têm de fazer uma mudança. Toda mudança envolve o despertar da consciência e, com isso, uma cura.

Muitos dos problemas que vocês criam na vida ocorrem porque fazem coisas sem consciência, e as repetições trazem sofrimento. O sofrimento vem pela abundância da generosidade do universo, que entrega a vocês uma forma de aprenderem por si mesmos. Se vocês ainda sofrem é porque não chegaram a aprender que, mesmo com a dor ou a doença, ainda que nas condições mais precárias, vocês despertam quando ascendem à consciência do que são, do que vivem e do por que vivem, mesmo com dor, com prisão e com regras que muitas vezes trazem limitações.

Há, no mundo, muitas pessoas com um grande número de limitações e dificuldades, mas que não sofrem porque o nível de consciência delas para aquilo que elas vivem foi desperto.

Aqui encontramos exatamente uma grande mudança que as pessoas podem fazer em seu entendimento sobre o que é o despertar da consciência: não é um, são vários "despertares" da consciência. Quando alguém é chamado ou se coloca como um "desperto", a pergunta que fazemos é a seguinte: desperto para o quê? Porque a pessoa não desperta a consciência para tudo.

Vocês não despertam a consciência por completo e de imediato; vocês acordam a consciência para várias coisas ao longo da vida, começando com as pequenas coisas e as mais materiais que possam imaginar. Isso acontece quando vocês entendem, por exemplo, as leis da ação e da reação e de causa e efeito. Vejamos: nos arredores da sua moradia, se uma pessoa jogar alguma coisa na rua e o vizinho fizer o mesmo, todos perceberão que, dali a um tempo, estarão sujando o próprio ambiente, então vocês tomam consciência de que a sujeira traz alguns insetos e, com eles, algumas doenças. Em seguida, alguém adoece, e a pessoa se conscientiza do fato de que sua ação de não manter limpo o ambiente que divide com os vizinhos traz problemas para todos. Nesse momento, o indivíduo teve um despertar da consciência, por isso nós dizemos que são vários "despertares" da consciência.

Quando uma pessoa começa a entender a outra ou a compreender determinada atitude dos seres humanos, que são seres com padrões e que agem de formas já mapeadas, consideramos que essa pessoa tomou consciência da situação. Assim é o processo de despertar da consciência.

As pessoas associam o despertar da consciência a uma visão transcendente espiritual, porém nem sempre é isso o que acontece. Por exemplo, quando vocês percebem que a vida não é só matéria, isso é *um* despertar da consciência, mas não é *o* despertar da consciência. Entendam a diferença entre "o" e "um".

Vocês ficam procurando "o" despertar da consciência em vez de se preocupar com "um" despertar da consciência. É um despertar de cada vez, através de pequenas coisas. Isso vocês podem fazer com inumeráveis ações e há um mundo de oportunidades onde ocorrem pequenos "despertares" da consciência. Pode parecer banal, mas quando percebem que é desnecessário discutir ou esbravejar com uma pessoa que está muito irritada, vocês despertam a consciência para tal situação. Essa é toda a transformação! Não são as grandes coisas que levam vocês às coisas maiores, são as pequenas coisas que os transformam de uma forma muito mais profunda e poderosa do que podem imaginar.

Quando vocês entendem e aprendem, por exemplo, a respirar, e descobrem que um dos maiores alinhamentos que podem fazer é entrar no fluxo da respiração do universo, porque o universo respira, pulsa em ondas, vocês despertam. Se aprendem a entrar no fluxo das ondas e tomam consciência da sua respiração, é mais um despertar da consciência, e assim sucessivamente vocês vão fazendo transformações em sua vida.

Não caiam na armadilha das grandes transformações, são as pequenas que estão mais próximas de vocês e doem menos. Às vezes, não doem nada, pois são gratuitas e fáceis, desde que observem e se empenhem em fazê-las.

Quando se esforçam demais para atingir as grandes transformações, geralmente não conseguem sustentá-las. É como se levantassem o maior peso de um equipamento de academia. Vocês querem chegar logo àquela marca e fazem muito esforço para mostrar às pessoas que conseguiram suportar o peso mais pesado. Minha pergunta é a seguinte: quanto tempo vocês conseguem sustentá-lo?

Vocês não conseguem sustentar a sua consciência para algo se ela não está desperta. Assim, a musculatura e a habilidade necessárias para a sustentação não serão alcançadas.

Quando vocês decidem impressionar pessoas adotando uma atitude que não está internalizada na alma, a ação não se sustenta porque vocês pegaram um peso muito maior do que são capazes de aguentar. E quando esmorecem, vocês ainda se machucam, caem, sofrem e até adoecem. O sofrimento vem sempre como uma enorme aprendizagem. E assim segue a vida, com as pessoas aprendendo por meio das grandes ou das pequenas coisas.

Qual é a sua escolha? As pequenas ou as grandes? Se vocês começarem a observar as pequenas coisas, volto a repetir porque isto é muito relevante: elas são abundantes, estão disponíveis para vocês e são fáceis; se aprenderem pelas pequenas coisas e despertarem a consciência das pequenas coisas, conseguirão se sustentar e assim poderão ir para coisas um pouco maiores.

Como na vida, vocês resolvem praticar corrida, mas não têm os músculos ainda bem desenvolvidos para tal atividade. Daí, saem para correr e o fazem por dez quilômetros: seus pés estão machucados, seus joelhos estão cansados, os músculos doídos e, durante uma semana inteira, sentem muitas dores nas pernas. Vocês trouxeram sofrimento porque buscaram grandes coisas de maneira errada. Procurar as grandes coisas e trazer grandeza e ascensão para a própria vida é muito nobre, é bom que as pessoas pensem grande, mas devem começar por pequenos gestos, dando um passo do tamanho das pernas, um salto naquilo que a musculatura de suas pernas permite e, à medida que forem fazendo esses pequenos avanços e despertando a sua consciência, entendendo as coisas, os mistérios, os porquês, os enigmas e as fórmulas da vida, gradativamente ampliarão cada vez mais as experiências num nível mais profundo do despertar da consciência.

A mesma coisa ocorre quando uma pessoa aprende as fórmulas da aritmética, da matemática. Ela aprende a fazer os cálculos, isso é um despertar da consciência. A pessoa se conscientiza de que os números e os cálculos podem fazer coisas extraordinárias, construir pontes, prédios ou casas, resolver problemas na vida de todos, tudo pelos números. A partir do momento que o sujeito toma consciência de como isso funciona, naturalmente avançará.

Não faltam oportunidades para vocês tomarem consciência de como as coisas funcionam, então não se preocupem necessariamente em descobrir como as coisas acontecem no mundo espiritual. Vocês são seres espirituais e é para esse universo que vocês voltarão. Não gastem todo o tempo da vida querendo entender o mundo espiritual, a não ser que sua alma peça muito e isso faça parte da matriz de sua existência. Compreendam o necessário para não ficarem presos na ilusão da materialidade, mas, a partir daí, explorem um mundo de oportunidades para despertar a consciência no seu cotidiano.

Se vocês gostam de música e vão descobrindo arranjos, melodias e harmonias ou novas formas de tocar, certamente isso ampliará a sua consciência musical. Se vocês estudam engenharia, aprofundem-se e despertem a consciência para um leque de conhecimentos afins. Se vocês dançam e descobrem como podem tornar o próprio corpo mais líquido e fluido, irão despertar a consciência para o mundo da dança, porque o universo dança.

Se vocês cuidam de pessoas e começam a estudar medicina e suas vertentes, e vão se aprofundando cada vez mais nas descobertas científicas do seu mundo, esse é um outro despertar da consciência.

Percebam que, dentro do seu mundo, há vários "despertares" de consciência e é o que vocês podem fazer todo o tempo. E isso muda tudo.

15
AS FORÇAS EXTERNAS EM VOCÊ

✦ ✦ ✴ ✦ ✦

A vida é toda feita do despertar, mas vocês, muitas vezes, podem perguntar: "e nós, recebemos influências?". Sim, vocês são influenciados todo o tempo, isso faz parte da programação de todos nesta existência.

Vocês recebem influências positivas e negativas. Lembro que positivo e negativo depende de para onde o sujeito está olhando. O jogo de vocês depende das experiências positiva e negativa, e só saberão se são capazes de algo se forem testados na negatividade, senão seria muito fácil e vocês não saberiam suas reais capacidades.

Por isso, o negativo existe para testar e tem a própria função desde que regulado. Há regulações no mundo para que tudo ocorra, para que tudo se mantenha no seu fluxo evolutivo dentro do propósito da síntese coletiva.

No entanto, vocês recebem também uma outra influência muito poderosa. Existe um grande computador que controla tudo e todos, no seu mundo externo e, de certa forma, interno. A esse grande computador vocês dão o nome de Lua.

A Lua é como se fosse, vamos dizer, uma grande nave e essa nave está ocupada, é importante que vocês saibam disso. Há bases de seres operando na Lua e muitos dos governos do seu planeta sabem disso e são proibidos de entrar nesses lugares. Essas bases ficam na face oculta da Lua, onde vocês não chegam, e estão lá há alguns milhares e milhões de anos. As pessoas enxergam somente uma face da Lua, que é um grande computador e uma nave que gira e foi programada para controlar vocês de várias formas.

Vocês são alvos de um grande controle, principalmente no nível emocional, e a Lua influencia muitas coisas das quais não têm ideia. Quando o Sol bate nesse grande computador e nave, a Lua emana radiações e influências eletromagnéticas de várias formas, muitas delas medidas e calculadas por vocês, mas existem ainda outros níveis que vocês não captaram ainda.

À medida que o Sol bate, tudo passa a ser um reflexo que os influencia em todos os níveis, fortalecendo ou enfraquecendo todos. As influências da Lua são dúbias, elas fortalecem e enfraquecem, maximizam ou minimizam, curam ou adoecem, e assim vocês começam a entender também os ciclos da Terra a partir das estações. As estações ensejam um outro estudo muito profundo que vocês podem fazer, elas são regidas por uma consciência que controla todo o fluxo do ar e dos ventos, e digo também que é uma consciência.

Vocês atribuem uma forma humanoide às consciências, é hora de transcender isso. As consciências não têm uma forma necessariamente humanoide. Há uma consciência que vai além da compreensão de vocês, que comanda os ares e os ventos do planeta, e assim controlam as estações juntamente com a Lua e com o Sol. Pelas estações, vocês podem se guiar, podem se pautar, podem fazer todo o planejamento da vida de vocês, porque esse é o plano do planeta. Tudo é influenciado pelas estações.

Do mesmo modo que temos a consciência dos ventos, temos a consciência das águas. As águas chegaram ao planeta de vocês carregadas. Elas vieram de fora, é uma consciência muito avançada, muito generosa, mas é dúbia também, assim como a consciência do vento. Faz parte, é para ser dessa maneira, segundo o jogo do mundo. De igual forma temos uma consciência muito forte, que é o fogo. O fogo também é uma consciência, e vocês me perguntam: "se acendo um fogo que logo se extingue e depois o reacendo em outro lugar, continua sendo o mesmo fogo?". É muito importante que entendam que se trata de uma consciência transmutadora poderosíssima que se manifesta de muitas formas.

E mais uma questão: "significa, então, que se eu me conectar com o fogo posso conversar com ele?". Perfeitamente, não da maneira como vocês entendem, pois o fogo não conversa por meio de palavras ou de pensamentos. É outro tipo de conversa, muito mais avançada do que vocês possam imaginar, mas ele conversa. O fogo, a água e o ar transmitem coisas, recebem informações e as enviam, adoecem e curam, eles conversam com vocês em muitos níveis. No entanto, repito: não da forma humanoide, mas de outras formas.

Outra pergunta: "como faço para conversar com eles e até para eles me curarem?". Tratem de despertar gradativamente a sua consciência nas pequenas coisas e simplesmente creiam – a crença é a base da sua conexão com todos os seres que existem em qualquer faixa de frequência. Se vocês honestamente acreditarem sem desejar, passarão a ter condições de vibrar em uma faixa frequencial que lhes permitirá interagir com esse nível de consciência.

Há seres no seu plano, é bom que vocês saibam, que conseguem, por exemplo, mudar a direção dos ventos, criar ventos, mudar o fluxo das águas, fazer chover, secar as águas, criar fogo do nada, permanecer em um ambiente com fogo e não se queimar. É esse nível de frequência que vocês devem saber que existe, assim como há pessoas no seu mundo que fazem isso não por vontade própria, não para se mostrar; elas simplesmente fazem porque acreditam; elas vivem e interagem. Elas se conectam com as águas de uma maneira maravilhosa e as águas conversam com essas pessoas, que se curam e acabam interagindo com todos os seres que habitam essas consciências, como os pássaros, os insetos e os peixes.

Por fim, temos uma outra consciência muito importante e conhecida de vocês, que é a Terra, formada pelas rochas, pelas plantas, pela natureza. A Terra é uma consciência que abriga inúmeras consciências. Vocês poderiam dizer que se trata de uma grande mãe, e essa é uma boa forma de se ver a Terra: uma grande mãe que acolhe todos e tudo, sustenta tudo e todos. É por isso que vocês têm elementos com os quais trabalhar para se conectarem em níveis mais profundos e ancorar o próprio corpo. Ela sustenta seu corpo e suas experiências. A mãe Terra também é fonte de cura, dando remédios naturais para "todas" as doenças. Não há doença neste mundo cuja cura não exista na natureza. Vocês apenas não a descobriram.

Não posso deixar de trazer para vocês também um grande curador, o grande Deus, o Sol.

Há muitas moradas nesse Sol. Ocorrem muitas coisas lá das quais vocês não têm a menor ideia. O Sol é um universo que, ainda assim, é um pequeno sol dentro do grande multiverso que nós temos nos ambientes cósmicos, mas dentro do mundo, na condição em que vocês estão, o Sol é tudo. É a grande fonte de energia de tudo o que existe neste plano.

Se vocês têm vida, devem-na, em primeiro lugar, ao Sol. A Lua se encarrega de fazer todas as regulações com os seres da Terra. Vocês têm a Terra, os ares, os ventos, o fogo e a água. Basta a conexão com esses seres, e se surpreenderão. Assim como serão surpreendidos se estabelecerem contato com os seres que fazem parte do hábitat desses seres maiores – os pássaros, os insetos, as árvores, as folhas, as raízes, as gramas... Tudo comunica, tudo é vivo. As pedras e as montanhas são seres que habitam a Terra, a grande mãe de todos. Quando vocês subirem um morro ou uma montanha, conversem com eles; também são consciências, peçam permissão e vão sentir essa permissão. São seres da mais absoluta generosidade e paciência. Nada é mais paciente do que esses seres.

As plantas que vocês têm em casa conversam com vocês. Todos os seres vivos conversam e os minerais são seres vivos também, porém em outra frequência, mas também conversam.

Quando vocês encontram vibrações muito intensas e algumas conexões muito fortes e integradas em determinados pontos, esses locais são considerados sagrados, porque há conjunções de integração de energias que os tornam assim. E por que eles se tornam sagrados? Porque ali se criam vórtices sagrados de energia que servem para muitas funções. Não cabe aqui falarmos porque são muitos, milhares de funções e vórtices de energia, mas quando vocês tomam consciência de onde estão e de que cada coisa foi planejada para que tenham essas experiências, não há dúvida de que existe algo maior sustentando tudo.

Tudo foi perfeitamente planejado. Da mais delicada flor à pedra mais bruta, tudo foi planejado dentro da mais absoluta perfeição para que vocês tenham todas as experiências quantas vezes quiserem, na abundância que quiserem.

Se vocês desejam repetir um erro na vida, poderão repeti-lo quantas vidas quiserem até que uma hora se cansarão. As doenças sempre aparecerão como forma de transmutação.

Vocês vêm para o planeta com o propósito de experimentar outras coisas porque, em relação àquelas que experimentaram, já se cansaram e tiraram lições. Vejam como estão dentro de um mundo de generosidade.

Por vezes, alguém pode dizer: "quero uma vida muito sofrida para eu sentir como é ser negado, ser reprimido, ser agredido, ser violentado. Eu quero viver essa experiência". E assim vocês a recebem. A escolha é do espírito e o espírito não tem medo. O espírito tem consciência da lapidação que está fazendo no indivíduo e essa lapidação, muitas vezes, precisa de experiências mais duras. À medida que as pessoas vão sendo lapidadas, o campo da humanidade entra numa vibração mais elevada, mais fina, mais sintonizada. Isso faz parte do plano de evolução da humanidade, até que chegue o ápice de um ciclo e vocês comecem tudo novamente lá embaixo, entrando em decadência, que faz parte do processo de aprendizagem. Daí vocês começam o movimento todo novamente, por milhares e milhares de anos, e está tudo certo.

Ao escutarem essas explanações, provavelmente alguns de vocês dirão assim: "não quero mais isso, essas coisas me cansam". E eu lhes digo: o espírito não se cansa. Quando ele tem um propósito e está conectado com o jogo deste planeta, nada é demorado, tudo é perfeito na sua manifestação.

Estejam em paz, mantenham-se respirando e conscientes de tudo que vocês são. Vocês são muito mais do que imaginam.

Assim é.

LIVROS CANALIZADOS POR L.B. MELLO NETO

Círculo sagrado de luz
É uma compilação de canalizações realizadas presencialmente a partir de seres de diversas dimensões. As mensagens, em forma de perguntas e respostas, são reveladoras e disruptivas quanto ao entendimento do mundo espiritual e da realidade humana.

Orações do Sol
Uma pérola poética e transformadora. O livro contém quarenta orações inspiradoras que impactam a estrutura mental, emocional e espiritual das pessoas. Há diversos relatos sobre como o livro propiciou ativações de cura.

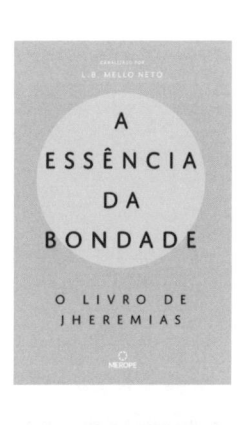

A essência da bondade

Com uma linguagem forte e direta, a consciência pleiadiana Jheremias traz uma abordagem diversa sobre o significado da bondade. Com informações que desmontam crenças antigas, o livro esclarece e inquieta ao revelar às pessoas outras formas de se movimentar na vida e lidar com seus semelhantes.

Quem é você

Cada pessoa está muito além do que imagina ser. É hora de abrir o coração para a mais profunda ligação espiritual da existência. Esse livro é um portal de informações pleiadiano que ativará conhecimentos antigos e lhe dará condição de estabelecer uma conexão mais estreita com todo o universo.

TIPOLOGIA: Glossa Text [texto]
Cinzel [entretítulos]
PAPEL: Off-white 80 g/m² [miolo]
Cartão 250 g/m² [capa]
IMPRESSÃO: Formato Artes Gráficas [maio de 2023]